国家"双一流"建设学科
辽宁大学应用经济学系列丛书
青年学者系列

总主编◎林木西

中国省域能源强度的测度、空间特征与影响因素研究

Research on Measurement, Spatial Feature
and Influencing Factors of Interprovincial Energy Intensity in China

白　晰　著

中国财经出版传媒集团
经济科学出版社
Economic Science Press

图书在版编目（CIP）数据

中国省域能源强度的测度、空间特征与影响因素研究/
白晰著 . -- 北京：经济科学出版社，2022.12
（辽宁大学应用经济学系列丛书 . 青年学者系列）
ISBN 978 - 7 - 5218 - 4139 - 8

Ⅰ.①中… Ⅱ.①白… Ⅲ.①能源经济 - 研究 - 中国
Ⅳ.①F426.2

中国版本图书馆 CIP 数据核字（2022）第 195315 号

责任编辑：于 源 郑诗南
责任校对：隗立娜
责任印制：范 艳

中国省域能源强度的测度、空间特征与影响因素研究
白 晰 著
经济科学出版社出版、发行 新华书店经销
社址：北京市海淀区阜成路甲 28 号 邮编：100142
总编部电话：010 - 88191217 发行部电话：010 - 88191522
网址：www. esp. com. cn
电子邮箱：esp@ esp. com. cn
天猫网店：经济科学出版社旗舰店
网址：http：//jjkxcbs. tmall. com
北京季蜂印刷有限公司印装
710 × 1000 16 开 11.25 印张 160000 字
2022 年 12 月第 1 版 2022 年 12 月第 1 次印刷
ISBN 978 - 7 - 5218 - 4139 - 8 定价：46.00 元
（图书出现印装问题，本社负责调换。电话：010 - 88191510）
（版权所有 侵权必究 打击盗版 举报热线：010 - 88191661
QQ：2242791300 营销中心电话：010 - 88191537
电子邮箱：dbts@ esp. com. cn）

辽宁省教育厅课题

"双碳"背景下辽宁省绿色能源转型的创新路径研究（LJKMR20220411）

辽宁省社科联课题

"双碳"目标下辽宁省绿色金融发展路径研究（2023lslybkt－067）

总　序

　　本丛书为国家"双一流"建设学科"辽宁大学应用经济学"系列丛书，也是我主编的第三套系列丛书。前两套系列丛书出版后，总体看效果还可以：第一套是《国民经济学系列丛书》（2005 年至今已出版13 部），2011 年被列入"十二五"国家重点出版物出版规划项目；第二套是《东北老工业基地全面振兴系列丛书》（共 10 部），在列入"十二五"国家重点出版物出版规划项目的同时，还被确定为 2011 年"十二五"规划 400 种精品项目（社科与人文科学 155 种），围绕这两套系列丛书取得了一系列成果，获得了一些奖项。

　　主编系列丛书从某种意义上说是"打造概念"。比如说第一套系列丛书也是全国第一套国民经济学系列丛书，主要为辽宁大学国民经济学国家重点学科"树立形象"；第二套则是在辽宁大学连续主持国家社会科学基金"八五"至"十一五"重大（点）项目，围绕东北（辽宁）老工业基地调整改造和全面振兴进行系统研究和滚动研究的基础上持续进行探索的结果，为促进我校区域经济学学科建设、服务地方经济社会发展做出贡献。在这一过程中，既出成果也带队伍、建平台、组团队，使得我校应用经济学学科建设不断跃上新台阶。

　　主编这套系列丛书旨在使辽宁大学应用经济学学科建设有一个更大的发展。辽宁大学应用经济学学科的历史说长不长、说短不短。早在1958 年建校伊始，便设立了经济系、财税系、计统系等 9 个系，其中经济系由原东北财经学院的工业经济、农业经济、贸易经济三系合成，财税系和计统系即原东北财经学院的财信系、计统系。1959 年院系调整，将经济系留在沈阳的辽宁大学，将财税系、计统系迁到大连组建辽宁财经学院（即现东北财经大学前身），将工业经济、农业经济、贸易经济三个专业的学生培养到毕业为止。由此形成了辽宁大学重点发展理论经济学（主要是政治经济学）、辽宁财经学院重点发展应用经济学的大体格局。实际上，后来辽宁大学也发展了应用经济学，东北财经大学也发展了理论经济学，发展得都不错。1978年，辽宁大学恢复招收工业经济本科生，1980年受人民银行总行委托、经教育部批准开始招收国际金融本科生，1984年辽宁大学在全国第一批成立了经济管理学院，增设计划统计、会计、保险、投资经济、国际贸易等本科专业。到20世纪90年代中期，辽宁大学已有西方经济学、世界经济、国民经济计划与管理、国际金融、工业经济5个二级学科博士点，当时在全国同类院校似不多见。1998年，建立国家重点教学基地"辽宁大学国家经济学基础人才培养基地"。2000年，获批建设第二批教育部人文社会科学重点研究基地"辽宁大学比较经济体制研究中心"（2010年经教育部社会科学司批准更名为"转型国家经济政治研究中心"）；同年，在理论经济学一级学科博士点评审中名列全国第一。2003年，在应用经济学一级学科博士点评审中并列全国第一。2010年，新增金融、应用统计、税务、国际商务、保险等全国首批应用经济学类专业学位硕士点；2011年，获全国第一批统计学一级学科博士点，从而实现经济学、统计学一级学科博士点"大满贯"。

在二级学科重点学科建设方面，1984年，外国经济思想史（即后来的西方经济学）和政治经济学被评为省级重点学科；1995年，西方经济学被评为省级重点学科，国民经济管理被确定为省级重点扶持学科；1997年，西方经济学、国际经济学、国民经济管理被评为省级重点学科和重点扶持学科；2002年、2007年国民经济学、世界经济连续两届被评为国家重点学科；2007年，金融学被评为国家重点学科。

在应用经济学一级学科重点学科建设方面，2017年9月被教育部、财政部、国家发展和改革委员会确定为国家"双一流"建设学科，成为东北地区唯一一个经济学科国家"双一流"建设学科。这是我校继

1997 年成为"211"工程重点建设高校 20 年之后学科建设的又一次重大跨越，也是辽宁大学经济学科三代人共同努力的结果。此前，2008 年被评为第一批一级学科省级重点学科，2009 年被确定为辽宁省"提升高等学校核心竞争力特色学科建设工程"高水平重点学科，2014 年被确定为辽宁省一流特色学科第一层次学科，2016 年被辽宁省人民政府确定为省一流学科。

在"211"工程建设方面，在"九五"立项的重点学科建设项目是"国民经济学与城市发展"和"世界经济与金融"，"十五"立项的重点学科建设项目是"辽宁城市经济"，"211"工程三期立项的重点学科建设项目是"东北老工业基地全面振兴"和"金融可持续协调发展理论与政策"，基本上是围绕国家重点学科和省级重点学科而展开的。

经过多年的积淀与发展，辽宁大学应用经济学、理论经济学、统计学"三箭齐发"，国民经济学、世界经济、金融学国家重点学科"率先突破"，由"万人计划"领军人才、长江学者特聘教授领衔，中青年学术骨干梯次跟进，形成了一大批高水平的学术成果，培养出一批又一批优秀人才，多次获得国家级教学和科研奖励，在服务东北老工业基地全面振兴等方面做出了积极贡献。

编写这套《辽宁大学应用经济学系列丛书》主要有三个目的：

一是促进应用经济学一流学科全面发展。以往辽宁大学应用经济学主要依托国民经济学和金融学国家重点学科和省级重点学科进行建设，取得了重要进展。这个"特色发展"的总体思路无疑是正确的。进入"十三五"时期，根据"双一流"建设需要，本学科确定了"区域经济学、产业经济学与东北振兴""世界经济、国际贸易学与东北亚合作""国民经济学与地方政府创新""金融学、财政学与区域发展""政治经济学与理论创新"五个学科方向。其目标是到 2020 年，努力将本学科建设成为立足于东北经济社会发展、为东北振兴和东北亚区域合作做出应有贡献的一流学科。因此，本套丛书旨在为实现这一目标提供更大的平台支持。

二是加快培养中青年骨干教师茁壮成长。目前，本学科已形成包括长江学者特聘教授、国家高层次人才特殊支持计划领军人才、全国先进工作者、"万人计划"教学名师、"万人计划"哲学社会科学领军人才、国务院学位委员会学科评议组成员、全国专业学位研究生教育指导委员会委员、文化名家暨"四个一批"人才、国家"百千万"人才工程入选者、国家级教学名师、全国模范教师、教育部新世纪优秀人才、教育部高等学校教学指导委员会主任委员和委员、国家社会科学基金重大项目首席专家等在内的学科团队。本丛书设学术、青年学者、教材、智库四个子系列,重点出版中青年教师的学术著作,带动他们尽快脱颖而出,力争早日担纲学科建设。

三是在新时代东北全面振兴、全方位振兴中做出更大贡献。面对新形势、新任务、新考验,我们力争提供更多具有原创性的科研成果、具有较大影响的教学改革成果、具有更高决策咨询价值的智库成果。丛书的部分成果为中国智库索引来源智库"辽宁大学东北振兴研究中心"和"辽宁省东北地区面向东北亚区域开放协同创新中心"及省级重点新型智库研究成果,部分成果为国家社会科学基金项目、国家自然科学基金项目、教育部人文社会科学研究项目和其他省部级重点科研项目阶段研究成果,部分成果为财政部"十三五"规划教材,这些为东北振兴提供了有力的理论支撑和智力支持。

这套系列丛书的出版,得到了辽宁大学党委书记周浩波、校长潘一山和中国财经出版传媒集团副总经理吕萍的大力支持。在丛书出版之际,谨向所有关心支持辽宁大学应用经济学建设与发展的各界朋友,向辛勤付出的学科团队成员表示衷心感谢!

林木西

2019 年 10 月

目　　录

第一章　绪论 ·· 1

　　第一节　研究的背景 ··· 1

　　第二节　研究的意义 ··· 4

　　第三节　研究的方法 ··· 6

　　第四节　基本结构与主要内容 ···························· 7

　　第五节　主要创新点 ··· 11

第二章　国内外文献综述 ·············· 13

　　第一节　能源强度测度的相关研究 ·············· 13

　　第二节　能源强度空间特征的相关研究 ·········· 16

　　第三节　能源强度影响因素的相关研究 ·········· 19

　　第四节　文献述评 ·· 24

第三章　相关基础理论 ·························· 26

　　第一节　能源强度概念的界定 ························· 26

　　第二节　相关理论 ·· 27

　　第三节　空间计量经济学理论 ························· 37

　　第四节　本章小结 ·· 42

第四章　中国省域能源强度的测度 ················ 43

　　第一节　能源强度的测算 ································· 43

第二节　中国能源强度的总体状况分析 ·············· 44

第三节　中国能源强度的变动状况分析 ·············· 52

第四节　中国能源强度的时空分布分析 ·············· 56

第五节　本章小结 ··································· 61

第五章　中国省域能源强度的空间分布特征分析 ······ 62

第一节　设定空间权重矩阵 ······················· 63

第二节　空间自相关分析方法 ····················· 63

第三节　中国省域能源强度的空间相关性分析 ········ 69

第四节　本章小结 ··································· 93

第六章　基于空间收敛的中国省域能源强度影响因素
　　　　研究 ······································ 95

第一节　收敛概念与模型设定 ····················· 96

第二节　中国省域能源强度的 σ 收敛分析 ············ 100

第三节　中国省域能源强度的绝对 β 收敛分析 ········· 102

第四节　中国省域能源强度影响因素的机理分析 ······ 107

第五节　中国省域能源强度影响因素的空间计量分析 ··· 111

第六节　中国四大经济区域能源强度影响因素分析 ····· 118

第七节　本章小结 ··································· 122

第七章　结论、政策建议及展望 ····················· 125

第一节　研究结论 ··································· 125

第二节　降低中国省域能源强度的政策建议 ·········· 128

第三节　研究展望 ··································· 140

参考文献 ··· 142

后记 ··· 167

第一章

绪　　论

第一节　研究的背景

　　党的第十九届五中全会审议通过了《中共中央关于制定国民经济和社会发展第十四个五年规划和二○三五年远景目标的建议》，指出要使能源资源配置更加合理，利用效率大幅提高，主要污染物排放总量持续减少，推进能源革命，建设智慧能源系统，提升新能源消纳和存储能力，推动能源清洁低碳安全高效利用，降低碳排放强度，支持有条件的地方率先达到碳排放峰值，制定 2030 年前碳排放达峰行动方案。随后，在"十四五"规划中对能源发展提出了更具体的要求，单位国内生产总值能源消耗和二氧化碳排放分别降低 13.5% 和 18%，构建现代能源体系，建设清洁低碳、安全高效的能源体系，提高能源供给保障能力，非化石能源占能源消费总量比重提高到 20% 左右，降低煤炭消费量，逐渐实现以电代煤。力争完成在 2030 年前二氧化碳排放量达到最大值，2060 年前实现碳中和的承诺，完成能源双控制度，即控制能源消费总量的持续上涨和能源强度的不断下降。由此可以看出能源在人类文明中所处的重要地位是不可取代的，是人类持续进步和经济发展的重要物质基础。2015 年习近平总书记在《关于〈中共中央关于制定国民经济和社会发展第十三个五年规划的建议〉的说明》中指出，"实行能源和水资源消耗、建设用地等总量和强度双控行动，就是一项硬措施。这就是说，既要控制总量，也要控制单位国内生产总值能源消耗、水资源消耗、建设用地的强度。这项工作做好了，既能节约能源和水土资源，从源头上减少污染物排放，也能倒逼经济发展方式转变，提高我国经济发展绿色水平"。[①] 能源双控制度的科学实施有利于国民经济持续健康发展。当前，新冠肺炎疫情肆虐全球，但中国的经济发展仍处于快速增长阶段，2020年，中国国内生产总值为101.36万亿元，人均国内生产总值为7.2万元，虽然与之前年份相比，同比增长率有所下降，但在疫情如此严重的背景下，经济发展仍在增长，可见中国重视经济发展的程度。但是经济高速发展的同时也面临着需要消耗掉更多的能源，2020年中国能源消费总量为498314万吨标准煤，是世界第一大能源总量消费国。能源消费量的持续增加，会对生态环境造成破坏，引起资源短缺问题，反过来又制约着我国经济的可持续发展。目前，我国能源消费面临以下三个问题：

首先，长期以来，煤炭在我国能源消费量中一直占据主要地位，党的十八大以来，在能源安全新战略的科学指引下，我国能源结构调整突飞猛进，到"十三五"末煤炭消费占能源消费总量比重历史性降低到56.8%，非化石能源比重增长到18.9%，天然气占比为8.4%，一次电力及其他能源占能源消费的比重提升至15.9%，绿色能源占比量均有所增加，为生态文明建设作出重要贡献，也为实现碳达峰、碳中和打下了坚实基础。但也要看到，虽然非化石能源比重有了一定的提高，却仍然改变不了我国多煤炭、少石油与天然气的能源消费结构，我国能源生产消费体量大，煤炭等化石能源占比高，资源环境的困境仍然制约着我国能源的发展。

其次，2010年开始，我国已经超过美国，成为世界上能源消费量最多的国家，但是面对着能源需求的不断增加，我国的能源供给还需要

---

① 习近平. 关于《中共中央关于制定国民经济和社会发展第十三个五年规划的建议》的说明 [N]. 人民日报，2015－11－04.

依靠进口，能源供给短缺，有限的能源供给制约着我国社会与经济的可持续发展。能源占比的稀缺阻碍了中国经济的高质量发展，成为经济增长的"硬约束"。

最后，虽然我国国土面积辽阔、土地资源丰富，但是由于巨大的地理差异和气候条件的不同导致了中国东部、中部和西部地区能源需求与能源供给量存在巨大差异。东部地区能源供给较少但是由于经济发展水平高，因此能源需求量较大，其经济发展主要依赖于生产率的提高，产业结构不断调整也有利于能源强度的降低；而中、西部地区拥有丰富的能源资源，但是对能源的需求量明显没有东部地区多，西部地区的经济发展主要依赖于生产要素的大量投入，能源强度较高。随着西部大开发、"一带一路"等国家政策的逐步推进，中部与西部地区的经济水平得到一定的发展，从而增加了对能源的需求总量，但是资源分配不合理仍然制约着我国经济的发展进程。

综上所述，中国目前在经济发展方面虽然取得了显著的成果，但是不断增加的能源消耗水平与持续面临的生态环境破坏问题，以及如何科学合理地降低能源消费总量与强度，已经成为当前中国经济可持续发展进程中急需解决的问题。因此，完善我国能源消费结构，积极推进能源消费改革，提升国际油气市场话语权与构建国家能源安全保障体系成为当务之急。一直以来，中国都强调绿色可持续发展，但是不能单纯地用制约经济发展的方式来达到保护环境、减少污染的目的，需要重视两者之间的内在联系。短期上来看，能源消费量的不断增加会加速经济发展，但这种"高能耗、高经济增长"的模式却是不可持续的，会突破环境所能承载的最大容量，从而制约经济发展水平。能源强度由单位产出所消耗的能源量表示，反映了经济发展对能源的依赖程度，与能源利用效率呈倒数关系。能源利用效率越高，能源强度越低，而降低能源强度也是实现节能减排的重要途径之一，而且中国能源强度仍处于高位，具有巨大的降低潜能。在此背景下，本书旨在揭示中国省域能源强度时空演进的规律并利用空间收敛模型分析影响中国省域间能源强度差异的具体因素，剖析各影响因素对降低我国能源强度的空间溢出效应，并利用中国四大经济区域的划分规则，探究中国各区域能源强度影响因素的不同影响程度，进一步提出降低中国省域能源强度的路径方法，为中央政府以及地方政府制定科学的区域经济转型升级政策奠定基础。

第二节　研究的意义

能源是国民经济发展的命脉，没有充足的能源保障，就没有国民经济的持续高速增长。中国在经济增长的初期是以高耗能、高污染为特征的，能源消费不仅带来了经济增长，也带来了严重的污染问题。在中国经济不断迈进高质量发展的过程中，逐步由主要依靠扩大生产要素投入量的方式转移到提高全要素生产率的方式，因为能源高质量发展是经济高质量发展的关键，它对化解人民日益增长的美好生活需要和不平衡不充分发展之间的矛盾至关重要，因此在经济高质量发展阶段对中国能源强度问题进行研究具有重要的理论和现实意义。

一、理论意义

本书进行研究的理论意义主要体现在省域能源强度的空间相关性以及空间治理两方面。

一方面，能源问题以及与其发展紧密相连的生态环境问题已经成为社会各界关注的重点。有关能源强度的测度及其影响因素是当前能源经济学研究的热点，同时对于可持续发展研究和低碳经济理论的向前发展具有一定的研究意义，并且也把经济学与能源联系在一起，体现一定的复杂性。本书把空间因素纳入省域能源强度研究的主要框架，利用空间计量方法从省域层面深入研究中国区域间能源强度的相关性与异质性。

另一方面，利用内生与外生互相交替的空间杜宾模型对中国省域能源强度的影响因素进行具体分析。影响能源强度的因素是一个动态演进的过程，不是一成不变的，不同的经济发展阶段、不同的地区，影响其能源强度的因素是不同的。那么，中国省域能源强度间是否存在收敛？这是本书研究的一个重点，也为我国区域间能源协调发展提供新的理论意义。在收敛的视角下，考虑空间溢出效应，本书研究多种因素对地区内及邻近区域的影响程度，为我国能源政策的实施与调整提供理论支撑。

二、现实意义

1. 与现阶段生态文明建设相吻合

党的十八大以来，习近平总书记曾多次提出有关建设生态文明建设的内容。在2018年5月召开的全国生态环境保护大会上，总结并阐述了习近平生态文明思想，其中"绿水青山就是金山银山"的"两山"理念就是其中之一。2021年，习近平总书记提出要想解决环境污染问题，就是将绿色发展重视起来，调结构、优布局。而在经济快速发展的同时，往往伴随着能源消耗的增加。目前，我国正处于工业化的后期，并逐步由工业化向生态化文明转变，现代化进程的加速导致了国内生产与发展对能源需求量的与日俱增，但传统的不可再生能源的存储量却在不断减少。可以发现，能源短缺问题已经成为制约我国经济发展的瓶颈，而解决这一问题的关键就在于降低能源强度。能源问题是一个世界性的难题，我国目前正在大力发展低碳经济和绿色经济，对能源的重视程度不断提高。并且随着能源的短缺，我国正采取限电措施来制约能源的消耗，所以，对中国能源问题进行研究仍然是现在学术领域的一个重要研究方向。目前来看，随着我国经济的迅速发展，对能源的需求量不断增加，而能源消费量的增速超过经济发展增速时就意味着能源利用效率的下降，这样的结果说明仅仅依赖能源消费量的增加来促进经济发展是行不通的，而是要依靠科技、创新与人才，通过提高能源利用效率来促进中国经济的可持续发展。

2. 为制定降低能源强度的地区政策提供相关依据

中国幅员辽阔、地大物博，不同区域之间存在着巨大的地理差异与资源差异，但每个省份也不是独立的个体，相邻省份之间由于资源水平、文化背景的相近，经济联系也会更加紧密，相互之间会存在一定的影响，所以对我国省域能源强度的空间特征和影响因素的研究显得尤为重要。本书对 2005～2019 年中国省域能源强度进行研究，用定量方法研究中国省域能源强度的空间相关性以及时空演变特征，进而总结省域能源强度的集聚情况。在对影响因素进行的实证研究中，也不可忽略区域差异性因素与空间因素，本书将中国按照经济发展水平分为四个区域进行研究，分别探究每个区域能源强度的影响因素，这种全新的视角有助于各省级政府准确掌握本地区能源发展的具体特征，并根据自身经济与能源发展现状制订有关能源强度的区际规划，从长期来看是实现经济高质量发展的必然要求，具有较强的现实意义和研究价值。

第三节　研究的方法

本书在借鉴已有关于能源强度研究结论的基础上，运用空间计量模型、探索性时空分析方法（ESTDA），并结合生态经济、循环经济、可持续发展、绿色增长和低碳经济等科学的理论方法，使用 Geoda 软件和 Stata 等计量经济学分析软件，系统且具体地研究了中国省域能源强度的空间相关性、空间收敛与影响因素等问题，其中涉及的主要研究方法包括：

一、探索性时空分析方法（ESTDA）

基于时间与空间两个维度，对 2005～2019 年中国 30 个省份（西藏由于数据缺失，不包括在内）的能源强度进行全局莫兰指数和局部莫兰指数计算，探究中国省域能源强度是否存在空间自相关性与空间异质性，并进一步运用莫兰散点图和时空跃迁矩阵揭示中国省域能源强度的集聚现象，分析我国能源强度的空间分布布局，进而为研究中国省域能源强度的降低路径奠定重要的基础。

二、空间计量模型

空间计量模型通常用来解释模型中变量之间的空间交互作用的情况。空间计量模型包括三种，即空间滞后模型（SLM，也称为空间自回归模型）、空间误差模型（SEM）和空间杜宾模型（SDM）。本书在对三种模型进行计量检验的基础上，选择最优的空间杜宾模型分析各种影响因素对中国省域能源强度的影响效果，并综合直接效应与间接效应的影响，分析空间溢出效应，在此基础上，分析中国四大经济区域能源强度的不同影响因素，为制定降低中国省域能源强度的政策提供科学合理的参考依据。

三、Geoda 和 Stata 软件工具

利用 Geoda 软件对中国省域能源强度进行空间自相关研究，通过软件对中国 30 个省份的空间位置建立空间权重矩阵，并进一步利用2005～2019 年 30 个省份能源强度计算莫兰指数，得出 LISA 散点图，通过比较分析的方法，探究中国省域能源强度间的空间集聚关系。而后，利用 Stata 软件对中国省域能源强度进行空间收敛分析，包括 σ 收敛、绝对 β 收敛和条件 β 收敛，并基于条件 β 收敛揭示影响中国省域能源强度及四大经济区域的因素，进而对中国省域能源强度的降低措施提出合理化建议。

第四节　基本结构与主要内容

一、基本结构

本书的结构安排如图 1 - 1 所示。

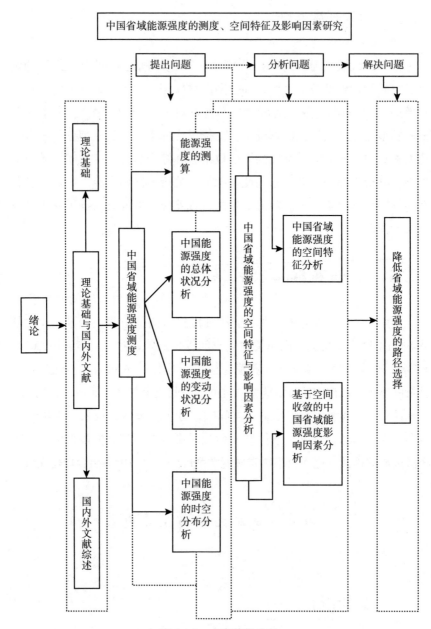

图 1-1　本书结构安排

二、主要内容

本书基于中国目前"双碳双控"的政策背景，面对中国能源消费总量的连年增加与环境污染日益严重的问题，对能源强度进行科学的测算、明确降低省域能源强度的具体实施路径、探究中国省域能源强度区域协调治理模式、提出降低能源强度的对策建议，对加快经济发展、缓解经济与环境之间的发展矛盾、实现碳中和目标具有较强的应用价值与借鉴意义。所以，本书以中国省域能源强度为研究对象，围绕"中国省域能源强度的测度、空间特征及影响因素"这一讨论议题，探讨中国各省份间能源强度的空间特征与影响中国省域能源强度的路径，本书的研究重点在于考察中国省域能源强度的空间演进以及探究基于空间收敛视角的中国省域能源强度的影响因素。首先，对中国能源强度的概念进行提炼与总结，并对中国能源强度进行测度，结合中国总体能源强度与30个省份能源强度的数值，进行差异化分析；其次，基于 ESTDA 方法探索中国省域能源强度时空分异及其跃迁性特征，并运用空间计量模型对中国省域能源强度进行收敛分析；最后，在回顾现有相关研究进展的基础上，本书主要分为以下七个章节。

第一章，绪论。从目前的气候变化，国际、国内关注的有关能源强度的时事热点出发，将区域能源强度降低作为切入点，具体阐述本书的研究背景，并说明对中国省域能源强度的测度、空间特征及影响因素进行研究的理论意义与现实意义。在以上内容的论述下，明确论文研究方法、确定本书分析结构、阐明本书主要内容，最后归纳论文的创新点。

第二章，国内外文献综述。本书以中国省域能源强度为研究对象，通过确定论文的研究方法和行文结构，结合空间相关性与空间计量理论，回顾和梳理了国内外学者对于能源消费及其强度的相关研究。首先，介绍了能源强度的相关研究；其次，对能源强度的空间特征的研究进行了总结；最后，对能源强度的影响因素的相关研究进行了梳理。在本章最后，对有关能源强度的相关文献进行综述。

第三章，相关基础理论。首先，对能源的内涵进行界定并对能源进行分类，在此基础上，整理和阐述能源强度相关概念；其次，梳理有关能源强度研究的基础理论，包括生态经济理论、循环经济理论、可持续发展理论、低碳经济理论与绿色增长理论；最后，阐述空间计量经济学理论，基于上述这些理论的指导下，对下文进行具体的研究与分析。

第四章，中国省域能源强度的测度。首先，基于中国 30 个省份 2005～2019 年 15 年间单位生产总值与能源消费总量情况对能源强度进行具体测算；其次，根据测算的结果对中国总体能源强度以及中国省域能源强度的总体状况、2005～2019 年 15 年间能源强度变动状况和时空分布情况进行比较分析，揭示中国能源强度与省域能源强度的分布特征与变动情况，并研究中国省域能源强度的变动规律。

第五章，中国省域能源强度的空间分布特征分析。首先，运用探索性时空分析方法（ESTDA）计算 2005～2019 年中国 30 个省份能源强度的全局莫兰指数与局部莫兰指数，通过指数分析能源强度是否具有空间相关性或者空间异质性，从而揭示出中国省域能源强度的空间集聚特征，形成高—高集聚或者低—低集聚的特性；其次，通过绘制主要省份的莫兰散点图与 LISA 集聚图分析 15 年间中国 30 个省份能源强度的空间分布格局；最后，运用空间跃迁矩阵探究中国省域能源强度在 15 年间是如何变化的，从而发现 30 个省份能源强度的空间相互作用程度。

第六章，基于空间收敛的中国省域能源强度影响因素研究。首先，本章运用标准差检验中国省域能源强度是否存在空间 σ 收敛；其次，本章对所使用的空间计量经济模型进行介绍和检验，在空间滞后模型、空间误差模型和空间杜宾模型中选取最优模型对中国 30 个省份能源强度进行绝对 β 收敛分析，探究本地及邻近地区初始能源强度对本地区能源强度降低程度的影响；再次，选择空间杜宾模型重点分析地区生产总值、产业结构、能源结构、能源价格、外商直接投资水平、技术进步程度和城镇化水平对中国省域能源强度的影响及空间溢出效应，以此探寻七大因素对中国省域能源强度的影响程度；最后，将中国 30 个省份分成四大经济区域，即东北地区、东部地区、中部地区和西部地区，分别探究影响四大区域能源强度降低的因素，进而为制定节能减排措施提供相关依据。

第七章，结论、政策建议及展望。首先，通过对本书的研究进行回顾与总结，凝练出本书的研究结论；其次，根据第六章所探寻的影响中国省域能源强度的因素与不同影响因素对中国四大区域的影响程度提出中国省域能源强度降低的对策建议与路径选择，制定科学合理有针对性的差异化措施，为能源结构优化发展、经济结构转型、区域协调可持续发展作出贡献；最后，提出对未来所研究问题与方向的展望。

第五节　主要创新点

一是运用探索性时空分析方法（ESTDA）深入剖析了 2005～2019 年中国 30 个省份能源强度的空间效应，采用 30 个省份 2005～2019 年 450 个样本数据，构建了空间权重矩阵，运用 Geoda 软件分析了能源强度的全局空间相关性与局部空间相关性，从更加微观的层面分析中国省域能源强度的空间特征，并在此基础上，绘制莫兰散点图与 LISA 聚类图对中国省域能源强度的空间分布特征进行总结与分析，这一研究深化了对中国各省份间能源强度问题的认识。

二是由于大多数文献对不同时段的影响中国省域能源强度的影响因素进行分析，因而本书将中国分成四大区域，基于空间收敛视角分析影响不同区域能源强度的因素。虽然目前关于能源强度空间特征及影响因素研究的文献层出不穷，但已有研究文献使用的空间计量方法并没有考虑多个空间交互作用的效应模型。鉴于此，本书采用内生与外生交互的空间杜宾模型，选取地区生产总值、产业结构、能源结构、能源价格、外商直接投资水平、技术进步水平和城镇化水平七个因素，探究这七种因素对中国省域能源强度的影响及其空间溢出效应，并从这七个方面提出降低中国省域能源强度的路径选择。

　　三是从节约能源、优化能源结构、调整产业结构、加强科技创新、促进区域能源协调、健全激励约束机制、深化国际交流与合作七个方面，对应上一章影响中国省域能源强度的因素，提出合理的优化中国省域能源强度的路径选择，提出具有较强的针对性与可操作性的对策建议，这对合理降低我国能源强度具有较强的应用价值与借鉴意义。

第二章

国内外文献综述

伴随着经济社会的高速发展，由经济增长引发的环境质量问题日益凸显，越来越多的研究者开始关注经济、能源、环境之间的关系。尤其是我国经济进入新常态之后，促进经济高质量发展的关键在于转变粗放型增长模式，突出以节能降耗为主的绿色转型发展。针对能源强度问题，相关研究也主要聚焦于能源强度的测度、影响因素、优化路径等多方面的探索。通过梳理已有研究文献，本章分三个方面对文献进行归纳总结，分别是能源强度测度、能源强度空间特征与能源强度的影响因素的相关研究。

第一节　能源强度测度的相关研究

能源强度表示单位产值的能耗，往往被学者们用以反映某个国家或某个地区能源利用的效率。能源强度与能源效率之间呈现倒数关系。能源作为支撑经济增长的重要生产要素，能源强度则能够反映经济发展中能源的参与和贡献，能够衡量经济发展过程中所付出的资源环境代价，在一定程度上也是反映节能减排有效性的重要依据（何建华，2018）。能源强度的概念由帕特森（Patterson，1996）首次提出，用以衡量单位增加值所消耗的能源量。并且，帕特森分别从热力学、物理—热力学、经济—热力学，以及经济学四个角度比较分析了能源强度的内涵、边界条件和计算方法。从经济学意义上看，研究者们用单位产出所消耗的能源量来衡量能源强度，从一定程度上能源强度能够反映出能源的经济效益和利用效率，以及经济发展对能源的依赖程度。通常情况来讲，能源强度测度往往与经济发展相关联，研究者们为清晰地揭示能源利用与经济增长之间的关系，将能源当作影响经济增长的必要生产要素。此后，研究者们通过将"能源"引入生产函数，分析得到能源利用对经济增长及国民收入具有重要影响。随着人们越来越关注经济系统、环境系统、社会系统之间的协调发展，尤其是对环境保护和绿色发展的日益重视，研究者们逐渐从侧重于各种生产要素对经济增长的作用，转向关注经济增长的可持续发展问题，尤其是开始重视对经济增长过程中的各类能源的利用效率和生产效率的研究。针对如何有效反映及测量能源强度（与能源利用效率呈倒数），已有研究主要从单要素角度和多要素角度构建了能源产出效率分析框架。其中，单要素能源产出效率分析是对能源投入和有效产出的分析，而多要素能源产出效率分析则综合考量了能源和其他生产要素的共同投入与产出情况。

在单要素框架测度能源产出效率时，研究者们往往采取热力学方法，但是热力学方法存在一定缺陷，主要在于热力学方法不能有效解决投入能源的异质性以及同一能源应用于不同部门所产出产品的异质性问题，这就导致了对总能源效率的加总存在偏差。在利用经济—热量方法对能源消耗强度进行计算时，往往用到混合指标，是以传统热量单位来测度能源投入，以市值计算产出价值，但也存在明显的缺陷，由于能源投入的其他替代要素进入市场、投入结构和使用部门结构变化等都将影响能源消耗强度，但是并不会影响能源技术效率，这就导致了能源消耗强度对潜在能源技术效率测量是无用的。相比以上测度方式，利用纯经济指标测度能源强度具有一定优势。研究者们通常基于市值对能源投入及其产出进行测量，例如利用区域能源投入的价值总量与该区域国民产出之比来衡量能源强度，这样的测量方式不仅考虑了能源市场价格因素，而且也将能源供求结构的时空变化纳入分析框架中，能源及其产出的异质性问题得到了较好的处理，为利用区域能源投入总量与地区生产总值的比值来测量区域能源强度提供了重要的理论依据。

国内外相关研究对不同国家、不同地区和不同行业能源强度的测度、变动及差异进行了探索与发展：米凯塔和穆德勒（Miketa and Mudler，2005）利用趋同计量模型对 1971～1995 年的 24 年间世界 56 个不同发展程度的国家中的 10 个制造业的能源效率进行了测度，而能源效率与能源强度成反比，研究得到大部分国家的能源效率都表现出了收敛状态，但这种收敛不是世界性的，而是局部的，能源效率存在着跨国差异性，不同的国家收敛到不同的稳定状态，与各个国家的不同发展特征相关。道拉塔巴迪和奥拉维茨（Dowlatabadi and Oravetz，2005）基于 1954～1994 年间美国总能源消费数据，利用自动能源效率指数（AEEI）测度分析了美国能源消费强度的历史变化趋势。张等（Zhang et al.，2011）利用地理信息系统工具，使用泰尔指数，通过对城市规模、效率和结构进行量化分析，分析了中国主要省会城市能源强度的变化规律。王等（Wang et al.，2012）通过构建全要素能效指数，利用各省份工业数据，对中国工业部门和不同地区的能源强度进行了测度，并对差异性进行了比较，发现需要进一步提升中国西部的能源效率。杜罗（Duro，2015）认为能源效率传统的替代指标是能源强度。魏楚和沈满洪（2007）将"技术效率变化"纳入能源效率评价指标体系中，运用数据包络分析方法（DEA）进行了实证分析，发现中国不同地区能源效率之间存在明显的差距，能源消费强度整体上呈现出"先下降、后上升"的趋势。耿诺和王高尚（2008）通过分析 1965～2006 年中国能源消费强度的变动趋势，并将结果与世界典型国家相对比，研究发现直到 2006 年中国能源消费强度才达到世界大多数国家能源消费强度的平均水平。张丹（2009）利用因素分解模型通过研究中国工业部门的能源消费强度发现中国工业部门能源强度下降的原因在于能源利用效率的提高，但结构因素的影响是双向的，既可以促进能源强度的下降也可以致使能源强度的升高，但是虽然我国能源效率从总体上来说不断提升，但与发达国家相比仍然存在较大差距。张云伟和韩增林（2009）通过变异系数、基尼系数、塞尔系数和聚类分析方法对中国整体能源强度、三大区域与区域间能源强度进行比较分析，结果显示我国能源强度北高南低，存在地域差异，并且中国能源消费强度在三大区域间的差距呈现先不断增大，2001 年之后又逐渐缩小的趋势。徐铭辰和王安建等（2010）发现在 1965～2009 年的 35 年间，中国总体能源消费强度的轨迹呈现倒"U"型，并分析了五大部门的能源消费强度的变化形态，农业部门与交通部门呈现倒"U"型，工业部门呈现线性下降，商业部门与生活部门都呈现出两类不同的能源消费强度的变化趋势，在此基础上运用预测公式计算了中国未来能源强度的变化。孙学英（2011）利用聚类分析的方法将中国 30 个省份能源消费特征分为四类，总结四类地区存在的问题并提出改善建议。李双杰和李春琦（2018）在反思现有能源效率评价指标存在的不足的基础上创新性地构建了能源效率测算指标体系，并利用数据包络分析法对 2005～2015 年的中国 30 个省份工业全要素能源效率进行了测算。徐如浓和吴玉鸣（2019）在考虑了能源强度的地区间时空异质性的基础上，实证分析了 1990～2016 年中国能源强度的趋同性，研究发现我国能源强度整体上呈现出发散特征，但存在三个趋同俱乐部。[①]

第二节　能源强度空间特征的相关研究

国内外研究者们基于空间视角对能源强度进行了大量探索，包括能源强度的空间分布特征和收敛性。很多学者的研究都表明，中国省域能源强度存在空间相关性，并且呈现东南低西北高的特点。胡玉敏和杜纲（2009）利用中国 27 个省份的面板数据通过不同的计量模型方法对能源强度的收敛性进行研究，结果发现在不同时间段内中国各省份间能源强

---

① 趋同俱乐部：一些经济结构相似的经济体之间存在着经济趋同现象。这里指能源强度发展趋势趋同。

度存在收敛现象，并且 27 个省份的能源强度存在差异化的区域特征，具有正向的空间外溢性。袁梁和王军（2011）通过运用莫兰指数进行分析，发现我国能源强度具有空间聚集效应，表现为本地区的能源强度不仅受到本地区各因素的影响，而且也受到邻近地区的能源强度变化的影响。姜磊和季民河（2012）采用空间自相关检验，研究发现我国省域能源强度存在空间依赖性，呈现出高—高、低—低各自相互吸引、高—低、低—高相互排斥的空间联系结构。周明磊等（2012）同样考察了我国区域能源强度的空间分布特征，实证验证了我国能源强度具有空间相关性，这种空间集聚表现为东南地区低集聚，西北地区高集聚。孙庆刚等（2013）实证分析得到我国省域能源强度具有全域性空间依赖性，具有显著的空间溢出效应。李博（2015）基于 2000~2011 年中国 30 个省份的数据，实证检验得到我国各地区能源强度的空间相关性为正向。李玉婷等（2016）通过研究发现中国能源强度经历了 2000~2005 年的上升期和 2005~2013 年的下降期的变化。范吉成（2019）通过利用地理回归加权模型研究发现我国省域能源强度表现为空间正相关性和集聚性，并且西北地区的能源强度要高于东南地区的能源强度。王韶华和张伟（2019）利用空间计量模型研究发现京津冀地区能源强度未呈现出显著的空间相关性，这是由于能源强度局部空间分布所呈现的相似性与差异性相互抵消的结果。廖敬文和侯景新（2019）运用空间计量分析法研究发现，我国西北地区表现为高能源强度集聚，而东部沿海地区则呈现出低能源集聚特征。赵新刚等（2019）利用空间计量模型研究发现我国能源强度存在空间正相关性，并且呈现出东南低、西北高的空间分布的集聚特征。王瑛和何艳芬（2020）对我国省域碳排放的空间分异化特征进行了分析，研究发现我国各省域碳排放呈现了高—高集聚和低—高集聚的特征。周四军和江秋池（2020）通过利用空间计量模型，研究发现中国区域碳排放强度存在明显的空间溢出效应。

　　除区域能源空间分布之外，关于能源强度收敛性问题也得到国内外研究者们的广泛关注。纵观现有关于能源强度收敛研究可以发现，相关研究主要聚焦于 σ 收敛和 β 收敛两种收敛形式。σ 收敛是指不同的观测主体随着时间的不断推移其离差逐渐缩小，呈现出下降的趋势，而 β 收敛是指不同的观测主体的能源强度下降的程度与其初始能源强度水平呈现负向关系，即初始能源水平较高的地区下降的速度越快，初始能源强度较低的地区下降速度越慢，最终不同能源强度水平的主体会逐渐趋于稳态。齐绍洲等（2009）以中国与 8 个发达国家为研究对象，通过实证研究发现随着人均 GDP 的收敛，中国与 8 个发达国家之间能源强度差异呈现出较快的收敛状态。利德尔（Liddle，2010）基于1971～2006 年的 111 个国家和 1990～2006 年的 134 个国家的数据，通过实证研究发现世界范围内能源强度整体上经历了持续收敛的过程。魏巍贤和王峰（2010）对不同国家的能源强度的收敛性进行研究，采用内生增长模型进行检验发现无论是发展中国家还是发达国家，各国的能源强度均存在收敛现象，并且发达国家收敛速度最快、发展中国家中高等收入国家收敛速度最慢。穆德勒等（2012）计算和评估了 1970～2005 年的 36 年间经合组织 18 个国家共 50 个部门的能源强度变化轨迹，通过研究发现制造业部门能源强度下降的速度要比服务业能源强度下降速度快，并且在 1995 年之后，服务部门的收敛速率平均要高于制造业的收敛速率。埃雷里亚斯（Herrerias，2012）采用加权分布动力学分析方法研究了 1971～2008 年不同国家的能源强度趋同趋势，研究发现在人口加权条件下收敛速度非常缓慢，所呈现出的差异可能的原因在于化石燃料强度收敛行为的不同。马晓钰等（2015）通过实证分析中国能源强度收敛性，研究发现中国能源消费强度整体上呈现 σ 收敛和 β 收敛并存。张勇军、刘灿等（2015）运用面板分位数回归模型实证分析了中国省份能源消费强度收敛性，研究发现存在能源强度收敛的区域大多分布在我国的东部沿海、北部沿海、东南沿海和长江中游地区，这些地区能源强度较低；而在我国能源强度较高的东北、大西北、黄河中游地区和西南地区则不存在能源强度的绝对 β 收敛现象。陈迅等（2016）利用面板数据模型研究中国省域经济的增长与能源强度的增长的同步收敛现象，研究表明经济的收敛与能源强度均具有 β 收敛特性，并且经济增长的收敛对能源强度的收敛水平具有促进作用。刘阳（2016）依赖于经济收敛的理论，基于两个层面对石油能源强度进行实证研究，结果表明在国家层面，人均 GDP 水平、产业和能源结构等因素都会致使石油能源强度存在收敛现象；在省域层面，各个区域的石油能源强度在收敛方向上存在不同的收敛机制。张华明等（2017）以 2000～2014 年中国 30 个省区市为研究对象，通过实证研究发现我国省域能源强度存在空间趋同俱乐部现象。王春宝和陈迅（2017）通过实证研究发现我国省份间能源强度存在空间收敛性。卡里穆（Karimu et al.，2017）通过以瑞典 14 个工业部门为研究对象，通过实证分析发现经济活动结构变化是推动瑞典14 个工业部门能源强度出现收敛现象的关键因素。吴建新等（2018）通过研究发现在 1986～2005 年，中国各省份的能源强度呈现出先单峰分布后非对称的二元俱乐部收敛状态，并在 2005～2014 年趋向三元俱乐部收敛。郭承龙和张智光（2018）通过时间维度采用收敛模型考察上海、江苏和浙江的能源强度的收敛现象，研究表明三个省份在长时间内存在波浪式 σ 收敛趋势，但是在短时间的尺度下三省能源强度不具有 σ 收敛；上海市能源强度存在绝对 β 收敛。张等（2019）分析了中国 30 个省份能源强度的收敛性，研究发现中国 30 个省份能源强度存在随机收敛和 β 收敛，但是不存在 σ 收敛，同时各省份的能源强度目标在"十一五"和"十二五"期间减缓了能源强度 β 收敛的速度。李（Li et al.，2019）通过实证研究发现中国城市 FDI 对高能源强度的城市收敛性起到驱动作用，人力资本和环境调节有助于收敛驱动效应的产生。王良虎和王钊（2020）运用空间计量模型实证分析了 2003～2018 年长江经济带能源强度收敛性，研究发现长江经济带能源强度呈下降趋势，基于空间视角发现长江经济带上游地区收敛速度无明显变化，而相比之下中游和下游地区的条件 β 收敛速度加快。

第三节　能源强度影响因素的相关研究

通过对国内外有关能源强度影响因素的文献进行研究分析，发现研究者们主要通过国家间、省份间和行业间面板数据进行实证分析，通过构建计量经济学模型和运用分解分析方法来探析相关影响因素。

国外研究较多使用分解模型来研究区域能源强度的影响因素：米凯塔（Miketa，2001）基于1971～1996年间的世界上39个国家的10个制造业的面板数据，通过实证分析发现加大投资对降低能源强度不产生促进作用，并且对能源价格进行干预可以有效降低能源消耗强度水平，与此同时行业规模的加大也会促使能源强度的升高。雷迪等（Reddy et al.，2010）以印度为研究对象，借助指数分解模型，研究发现能源强度下降是由于部门能源消费中煤炭比例减少导致的，产业结构变化和能源利用效率改善均能对能源强度产生抑制作用，并且前者的抑制效应更明显。哈桑贝吉等（Hasanbeigi et al.，2012）通过构建分解分析模型对美国加利福尼亚州17个工业部门能源强度的影响因素，研究发现炼油行业、非金属矿物业等高耗能产业占比下降会导致能源强度的降低，非能源密集型制造业的增加也会推动能源强度的降低，同时能源资源价格的升高将推动能源效率提升以降低成本。萨德尔斯克（Sadorsk，2013）以世界上76个发展中国家数据为样本，采用平均群估计和共同相关效应估计进行实证分析，研究结果表明随着收入的增长会导致能源强度的下降，但下降的速度没有收入增长的速度快，并且城市化会对能源强度产生混合效应。菲利波维奇等（Filipović et al.，2015）以欧盟28个成员国为研究样本，研究发现内陆消费总量和人均最终能源消耗增长对能源强度产生正向影响，能源价格、能源税和人均国内生产总值对能源强度产生负向影响。甘迪等（Gandhi et al.，2017）研究了巴西圣保罗州能源强度的影响因素，利用对数平均指数分解法进行探析，研究发现促进能源强度变化的主要影响因素是提高能源效率。韦尔比等（Verbie et al.，2017）利用固定效应回归模型，实证检验了欧洲住宅电价对能源强度的影响，研究发现居民电价对能源强度具有显著的负向影响。杨等（Yang et al.，2018）对全球40个经济体通过利用世界输入产出数据库进行研究，分析了1995～2007年13年间无形资产与部门能源强度之间的关系，结果显示无形资本对降低部门能源强度的影响会随着收入水平的不断提高而普遍减弱。达尔加希（Dargahi et al.，2019）基于 LMDI 指数分解模型，以伊朗为研究对象，从价格和非价格层面分析了影响能源强度的相关因素，研究结果表明经济活动的结构性发生改变和能源利用效率的降低都会提高伊朗的能源消费强度，产生了正向影响，而全要素生产率、实际能源价格和工业发展的长期和短期弹性均对能源强度提升产生负向影响。潘等（Pan et al.，2019）利用结构向量自回归模型实证检验了孟加拉国能源强度的影响因素，分析工业化和贸易开放程度对该国能源强度的直接影响与间接影响，实证结果显示，工业化水平对能源强度产生正向积极影响，而贸易开放、技术创新和经济增长对能源强度产生负向影响。

近年来，国内研究者们也较多使用分解模型来探析中国区域能源强度影响因素问题。国涓（2010）构建了多因素分解模型，从部门效率、产业结构和能源结构等方面实证检验了影响能源强度的作用程度，并采用对称模型深入分析了能源价格对能源强度的影响。一部分学者从不同层面对能源强度影响因素进行了探索，例如肖宏伟等（2013）以中国工业部门为例，运用完全分解模型挖掘了电力消费强度的影响因素，研究发现降低电力强度的有效途径在于实施差别电价，同时强度效应和结构效应均有助于降低工业电力消费强度。靖学青（2014）考察了我国西部地区能源强度的影响因素，研究发现产业城镇化与西部地区能源强度呈负相关关系，而人口城镇化和地域城镇化则与西部地区能源强度呈现正向相关关系。高彩玲等（2014）考察了河南省能源强度变化的相关因素，利用因素分解模型研究发现能源利用效率的提高对能源强度的下降起到促进作用，经济结构和人均生活消费将对能源强度增加产生正向影响。李智（2016）基于中国 30 个省份数据，利用费雪指数分解分析方法，分析了影响化石能源强度的相关因素，研究发现提高能源效率有助于推动能源强度的下降，并且我国大部分地区的产业结构变动能够促进能源强度的上升。韩松等（2016）运用对数平均迪氏指数法进行分析，研究发现导致 2001～2013 年中国总能源强度降低的主要影响因素是技术进步，而产业结构能够促进能源强度上升，同时部门结构有助于抑制能源强度上升。张俊荣等（2017）利用投入产出表数据，以北京市为研究对象，通过建立结构分解模型探析了北京市能源强度的影响因素，研究发现促进能源强度降低的主要因素来源于能源投入率和最终需求，同时在不同阶段完全需要系数和最终需求结构对降低能源强度产生了不同的促进或抑制作用。李玲等（2017）利用结构分解分析方法对 1997～2012 年我国能源强度变动的影响因素进行实证分析，研究发现能源消耗系数和技术系数是导致我国能源强度下降的主要因素。邬琼（2018）通过构建分解模型对电力强度影响因素进行了分析，研究发现电力利用效率是降低电力强度的最重要因素，而产业结构调整的促进作用正在逐步减弱。李颖（2018）将 2006～2016 年安徽省能源强度的变化进行对数平均迪式指数法进行分解，研究发现，外商直接投资的结构和技术效应的提高可以有效降低能源强度，而外商直接投资规模的扩大会提高能源消费强度，存在负向影响。刘慧慧和许超（2020）基于外生和内生偏向性技术进步角度，对我国能源强度进行测度，并探索了我国能源强度下降的原因，发现研发投入的增加和能源价格的提高是导致我国能源强度持续下降的主要原因。林伯强和吴微（2020）基于全球能源投入产出数据库，研究发现经济增长速度与能源强度的降低呈正向关系，同时消费品能源强度的下降速度要快于投资品能源强度下降速度。

另一部分国内外研究者主要利用计量经济学模型进行分析，例如构建多元线性回归模型、空间计量模型等。刘畅等（2008）构建了中国工业能源消耗强度的影响因素模型，并利用面板数据对中国 29 个工业行业进行实证分析，研究结果阐释随着科技研发经费的投入增加会降低工业尤其是高耗能行业的能源消费强度，出口贸易结构的变化会提高中国工业行业的能源强度，能源资源相对价格的升高会使能源效率提高，进而降低能源消费强度。田力等（Tianli et al.，2011）利用协整分析法和因果分析法研究分析了中国产业结构对中国能源强度的影响，由于第二产业比例在所研究年份变化不明显，所以主要研究第三产业与能源强度的关系，研究发现，第三产业对我国能源强度的降低发挥着积极的促进作用。吴（Wu，2012）建立了固定效应模型，并利用广义矩估计方法对中国不同地区能源强度的影响因素进行了实证分析，研究发现提高各部门能源效率将对降低能源强度起到促进作用，同时能源价格的变化是影响能源强度的重要因素。张瑞和丁日佳（2015）实证分析了收入、工业化和城市化对能源强度的影响，研究发现收入与能源强度之间具有负相关关系，而工业化、城市化对能源强度则产生正向影响，三者的联合效应能够推动能源强度的降低。刘阳（2015）运用面板模型分析了影响中国能源强度的因素，通过研究发现城镇化水平的提高以及产业结构的变动都会对石油消费强度产生正向影响。刘亦文等（2016）考察了能源技术进步空间溢出效应，基于 2002～2011 年中国各省份的数据，从空间视角出发研究得到内源式能源技术进步对能源消费强度的空间溢出效应非常明显，同时研发（R&D）支出、国内技术转让、国外直接投资（FDI）和国外技术引进均对能源消费强度具有直接和间接效应。赵芳菲和秦颖（2018）通过建立 VEC 计量经济模型，对北京能耗强度影响因素进行实证分析，研究发现提升煤炭消费、增加科研经费投入，以及提升第三产业占比等措施能够抑制能源强度降低。徐建中和王曼曼（2018）通过实证研究发现能源相对价格、技术改造和人力资本水平等因素对能源强度产生负向影响，环境规制强度的增加对通过绿色技术创新从而降低能源强度起到促进作用。赵立祥和赵蓉（2019）运用门限回归和分位数回归模型，实证检验了能源强度与大气污染之间具有倒"N"型关系。赵等（Zhao et al.，2019）采用 2005～2014 年中国省域面板数据，通过构建空间计量模型，实证分析发现 FDI 的溢出效应、规模效应和能源反弹效应对能源强度变化产生重要影响。吕琦等（2019）基于地理层面和社会层面构建了空间计量模型，通过实证分析发现城镇化水平的提升对降低能源强度起到促进作用，从分地区检验结果看，这种促进效应主要存在于中部地区，而西部、东北地区、东部地区的促进效应依次减弱。姚小剑和党静（2019）通过建立门槛回归模型分析了中国制造业产业聚集对制造业能源消费强度的影响，研究发现较低程度的产业聚集对降低能源强度起到促进作用，而较高程度的产业集聚现象会促使能源强度的增加。与此同时，能源强度的影响因素也包括行业规模、研发投入、能源价格和国企占比程度。冉启英和徐丽娜（2020）通过采用空间计量模型进行实证分析，发现 R&D 投入在短期内对能源强度无直接影响，试验发展对降低能源强度起到抑制作用，政府支持试验发展对降低能源强度的促进作用不明显。冯永晟等（2020）采用 2004～2018 年 285 个城市的面板数据，通过空间计量分析发现中国能源强度具有显著的空间溢出效应，节能降耗的关键因素是能源价格与技术进步。沈小波等（2021）利用空间面板模型分析了在降低能源强度过程中的产业结构扭曲作用，研究发现中国地区能源强度存在显著的空间依赖性，产业结构扭曲能够抑制能源强度的下降。张瑞等（2021）将能源强度、环境规制和经济多样性纳入统一研究框架，基于 2003～2017 年中国省域面板数据进行了实证分析，研究发现环境规制与能源强度之间呈现非线性关系，而经济多样性则对能源强度变化产生抑制作用。

第四节 文献述评

近年来，国内外研究者越来越关注经济增长与能源使用之间的关系，尤其是探索了具有理论价值和实践价值的节能减排方式。通过回顾和梳理国内外关于能源强度及其测度方法、能源强度空间特征以及影响因素等方面的相关研究，发现已有研究较为丰富，从研究视角、研究方法、研究样本选取等方面形成了较多值得借鉴的成果，但是依然存在以下两个方面的研究缺口。

一是现有文献关于区域能源强度的研究主要聚焦于区域内，将某一区域视为独立的个体，容易忽略跨区域间的资源流动等，导致区域能源强度的空间溢出效应未得到研究者们的充分考虑（张翠菊，2016）。随着从空间视角分析区域能源强度的研究逐渐增多，形成了较为成熟的研究思路，并且在区域能源强度空间特征等方面进行的探索较多，但是从地理空间层面来探析区域能源强度的影响因素的研究并不充分，需要展开进一步的深入研究。当前，在"碳达峰""碳中和"战略部署背景下，从空间视角研究我国区域能源强度空间布局及影响因素也具有非常重要的理论和实践意义。

二是在运用空间计量模型进行实证分析的过程中，现有研究者主要选择 SLM 模型或者 SEM 模型进行分析（付云鹏等，2015），而应用空间杜宾模型（SDM）模型进行的研究尚不充分。在实证分析过程中，以往研究往往忽视了对解释变量空间交互作用的分析，并且缺乏对区域能源强度的空间传导机制的深入分析。

第三章

相关基础理论

第一节　能源强度概念的界定

一、能源的定义和分类

能源是人类赖以生存和生产的物质保障。目前，关于能源的定义，有多种不同的解释且形式各异，其中《能源百科全书》中对能源的基本概念进行了较为详细的表述，最具有代表性和权威性，将其定义为光能、热能、电能等可以产生各种能量或一次能源（煤炭、石油等）、二次能源（电力、热力等）以及其他新能源等可以做功的物质的统称，又称能量资源或能源资源[①]。

根据评价标准和划分方式的不同，可以将能源大致划分为以下几种不同的类型：

（1）根据能源存在形态的不同划分。根据存在形态，可以将能源大致划分为一次能源、二次能源两种类型，其中一次能源是指包括煤

---

① S. P. 帕克. 能源百科全书 [M]. 北京：科学出版社，1992：77 – 78.

炭、石油、天然气等可以被人类直接获得的能源，而二次能源是指如电力、煤气、蒸汽等由一次能源进行加工从而得到的能源。

（2）根据能源利用状况的不同划分。根据利用状况，可以将能源大致划分为传统能源、新能源两种类型，其中传统能源是指包括煤炭、石油、天然气等在一定的技术水平下被人类大范围开采和使用的能源，而新能源是指如太阳能、风能、水能等受限于技术的不成熟而未被人类大范围开采和使用的能源。

（3）根据能源造成环境污染程度划分。根据污染程度，可以将能源大致划分为清洁能源、污染能源两种类型，其中清洁能源是指包括太阳能、水能、风能等对环境污染程度较小的能源，而污染能源是指如煤炭、石油、天然气等对环境污染程度大的能源。

二、能源强度的概念

资源强度即资源消耗强度，其内涵为单位产值所消耗的资源量，能够反映经济发展对资源的依赖程度以及经济发展过程中资源的利用效率，它是衡量一个国家或地区经济发展与资源消耗之间关系的一个重要指标。能源强度即单位产值能耗，表示单位生产总值所消耗的能源消费量，当单位生产总值所对应的能源消耗量下降时，说明该国家或者地区正在向节能降耗的方向发展，只有当能源强度下降率大于生产总值增长率时才能真正实现能源资源的节能减排与可持续发展。

第二节　相关理论

一、生态经济理论

第二次世界大战结束后，各国对能源的需求量急剧增加。随着对各种资源需求量的不断增加，为了满足经济不断增长的需求，人类开始忽视环境问题进行各种各样的生产活动，对人类的生存环境和生态环境都造成了极大的危害。1962 年，美国海洋学家蕾切尔·卡逊发表了《寂静的春天》① 一书，书中作者通过描述环境污染给人们带来的危害向人类发出警告，提醒人类需要提高生态保护意识，这是第一次将生态学与经济社会学相融合进行的研究。随后，美国经济学家鲍尔丁出版了《一门科学——生态经济学》② 一书，首次正式提出了"生态经济学"的概念。生态经济就是在生态系统可以承受的范围内，通过改变生产方式和消费方式，提高资源利用效率，建设生态文明、经济可持续发展，人与自然和谐共处的经济社会。生态经济的本质，就是要把经济发展建立在生态系统可以承载的范畴之内，在实现经济发展的同时又对生态环境不造成破坏，建立社会、经济和自然良性循环的生态系统。2005 年 8 月 15 日，时任浙江省委书记的习近平在安吉考察时首次提出"绿水青山就是金山银山"，这一科学论断也是习近平生态文明思想的重要组成部分。重视经济发展的同时也不能忽略生态环境的建设，要实现人与自然、社会和谐共生。

生态经济要求经济增长要考虑环境承载力，超越承载力进行经济发展是行不通的，并且经济增长过程中所消耗的资源是具有生态成本的，不是随意使用的，随着对自然资源的过度消耗，会使经济成本增加，经济增长减缓，不利于经济的可持续发展。另外生态经济的目标是促进人类福利的提高和生态环境的改善，应该考虑经济增长、生态环境与整个社会的均衡与持续发展。

二、循环经济理论

20 世纪 60 年代，全球各国随着经济的持续增长，均产生了资源短

---

① 蕾切尔·卡逊. 寂静的春天 [M]. 波士顿：霍顿米芙林出版公司，1962.
② 唐建荣. 生态经济学 [M]. 北京：化学工业出版社，2005.

缺与生态环境污染问题。主要发达国家已经将焦点从经济增长逐渐转移到环境污染问题上。美国经济学家鲍尔丁在20世纪60年代提出了"太空舱经济理论"[①]，把人类生存的地球比喻为一艘宇宙飞船，人类生活在太空舱中，随着人口的增加和经济的增长会消耗掉太空舱中的资源，而在这个过程中产生的废物与废料将会污染太空舱内的环境，最后造成人类无法在飞船中继续生活，导致飞船坠毁，社会系统随之崩溃。太空舱经济理论就是循环经济的萌芽。循环经济发源于生态经济。改变单纯的以收益最大化衡量经济增长的模式就是为了防止这种悲剧的发生。经济增长不能只追求产量，而忽视人类社会和环境的可持续发展。鲍尔丁指出，循环经济就是通过对资源的循环利用，尽可能消耗最少的资源，产生最少的废弃物，对生态环境产生影响最少的一种经济发展模式。传统的经济产品的生产与消耗流程为"资源—产品—废弃物"，而循环经济中产品的生产过程转变为"资源—产品—再生资源"，从而形成一个闭环，减少废弃物排放对环境造成的污染，争取实现生产过程中的零排放。传统的产品生产过程中会产生大量的环境污染，造成对资源的无节制消耗，破坏生态系统平衡，而循环经济的闭环发展可以使自然资源得到高效利用，提高资源利用效率，减少环境污染物的产生，有利于保护环境，建设生态文明与经济增长协调发展的经济增长模式。

传统经济实施的是"先污染，后治理"的处理模式，只有在产生大量污染与资源消耗的情况下，人类才会意识到保护环境的重要性，从而对破坏环境的行为进行整治。而循环经济是在经济行为发生之初就把它所产生的污染与能源消耗限定在可以承受的承载力范围之内，在经济不断发展的过程中，通过提高技术水平，不断开发可再生能源、节约不可再生能源，改变传统的经济增长模式，走出一条循环经济的新路线。传统经济学通过征收环境污染税和排污税来保护环境，但反而往往会造成对资源的大量消耗，产生严重的生态环境污染问题，人类生存的自然

---

① 肯尼斯·鲍尔丁，即将到来的宇宙飞船地球经济学［M］. 珍惜地球－经济学、生态学、伦理学。马杰、钟斌、朱又红译. 北京：商务印书馆，2001.

环境遭到破坏，生产力降低，可持续性发展能力受到威胁。而循环经济是从源头避免产生破坏生态环境的行为，鼓励企业和各行业通过研发资源节约技术、可再生技术和清洁资源技术等手段减少污染的产生。循环经济希望政府的政策倾向可以激发企业向绿色生态发展领域倾斜，走经济、社会和环境可持续发展的道路。

循环经济遵循 3R 原则：减量化原则（reducing）、再利用原则（reusing）和再循环原则（recycling）。减量化原则是指通过在生产过程中采取一定的技术手段减少资源的利用和消耗，从而减少废弃物的产生，它是在经济行为发生之初所采用的原则。再利用原则是在经济行为发生过程中所采用的原则，在生产产品时，尽可能多次重复利用，或者改变另一种形态使用该产品，延长产品的使用期限，避免产品过早变成废弃物对环境造成污染。再循环原则就是在生产产品后，将废弃物再次变成资源得以利用，就是废物回收与利用，从而减少垃圾的产生，垃圾的分解会对环境产生很大的负向影响，循环经济的发展很大程度上缓解了环境压力，是一种可持续发展的实践模式。

三、可持续发展理论

在过去的几十年中，环境问题在国家发展与政策规划中一直处于次要的地位，只有当发生洪水、核泄漏等重大灾难时才会得到短暂的重视。1983 年，联合国成立世界环境与发展委员会，旨在使全球各国认识到贫困—环境—发展问题的紧迫性。1987 年世界环境与发展委员会发表的《我们共同的未来》（Our Common Future）① 的报告中第一次正式提出了"可持续发展"的概念，这是人们对经济发展的传统共识提出的挑战，其中对可持续发展进行了详细和全面的论述，认为"环境和经济发展的总体目标并非是冲突的，在更深层次上其实是一样的，即为

---

① 世界环境与发展委员会：《Our Common Future》，王之佳、柯金良等译，长春：吉林人民出版社，1997：52.

现在和未来的人类社会提供生活质量的提高和福利的改善"。1989 年，可持续发展的定义和战略在联合国环境发展会议（UNEP）上被再一次全面讨论，并通过了《关于可持续性发展的声明》①，其声明认为可持续发展的定义和战略应该包括三个主要系统：生态环境系统、经济系统和社会系统。一是生态环境系统，保护环境，减少温室气体的排放，在实现资源循环利用的前提下，进行生产生活活动，提高新兴能源和可再生能源资源的利用效率，将人类和社会的永续发展控制在地球可以承载的范围之内；二是经济系统，经济在不断发展的同时，一定会涌现出各种各样的问题，我们需要用先进的科技手段来提高经济活动的效益并重视经济活动的质量，达到合理可持续地促进经济发展的目标；三是社会系统，世界各国的发展各不相同，所处发展阶段不同，所用的发展手段也不同，但是既然处于一个相同的世界中，就都需要通过提高经济效益，发展经济来提高人民生活质量，所以在经济快速发展的同时还要保证人民生活质量与生活环境的可持续发展与优化。综合以上三方面观点，可以提炼出可持续发展理论的本质。与此同时，无论从哪个角度阐释可持续发展，其基本思想主要体现在如下五个方面：一是可持续发展的前提是要实现经济的增长，经济发展是人类文明发展与进步的重要方向，也是一个国家和社会发展和改善环境质量的重要物质保证。现阶段发展中国家面临着生态环境污染与贫困的双重压力，导致生态环境恶化的根本原因在于经济的缓慢增长，而生态环境不断恶化也加剧了贫困的不断扩大。所以，面对如此的发展情况，必须因地制宜地选择能源与原材料的利用方式，在最大限度上减少损失，拒绝浪费，减少因为经济活动和经济增长所带来的生态环境压力，以此在保护环境的前提下实现经济的可持续增长。二是可持续发展要求人与自然和谐共处，人类社会的发展不能以牺牲自然环境为代价。自然资源的消耗，可以通过使用适当的经济手段、技术手段和政府干预来减缓，使之消耗的速度低于再生的

---

① 《关于可持续发展的声明》通过于 1989 年 5 月举行的第 15 届联合国环境署理事会期间。

速度，通过利益驱动机制引导企业生产可再生能源与清洁能源，对消费者进行可持续发展的教育工作，使消费者可以采用可持续模式进行消费与生活，推进生产方式与生产结构的变革。在经济生活的各方面，都要全面系统地考虑生态环境问题，这样才能实现可持续发展。三是可持续性发展不能只一味提高经济收益，而忽视了经济质量和人民生活质量的提高，这样的发展只是"没有发展的增长"。当今社会要想实现可持续发展，就要不断改进社会经济结构，逐渐实现社会发展目标。四是可持续发展应当认识到保护自然环境的重要性，承认自然环境的价值，认可自然环境对经济增长的强大支撑力。五是通过可持续发展可以不断发现新的经济增长点，实现经济的高质量发展。大多数情况下我们都知道，经济增长会伴随着环境污染、资源过度开采、环境破坏等问题的出现，而可持续发展就是要限制和约束这些问题的不断出现与发展，这势必会造成经济增长在一定程度上的放缓。而实际上，可持续发展限制的是那些污染高、环境差的企业，在对这些企业进行约束的同时，会为那些优质的、低污染的、绿色环保的产业提供优先发展的机会，进而促进新的经济增长点的涌现。

总之，可持续发展的内涵是在不损害后代人利益的前提下，实现当代人发展的需要。可持续发展要实现共同发展、协调发展、公平发展、高效发展和多维发展，从本国或本地情况出发，走符合本国或本地实际情况的多元化、多模式的可持续发展道路。提高能源利用效率是可持续发展的路径选择，可持续发展为降低能源强度提供了夯实的理论依据。通过降低省域能源强度，以减少温室气体排放和节约利用能源等为措施来实现经济最大化发展，并逐步实现环境、能源和区域经济的协调统一发展，进而实现经济发展模式由传统的"高排放、高能耗"粗放型模式向"低排放、低能耗"集约型模式的转变。

四、绿色增长理论

自 20 世纪以来，在科学与技术革命的推动下，世界各国的人口与经济都在迅速增长。自然资源的过度开发和利用导致了能源的过度消耗和生态环境的急剧恶化，温室气体的排放威胁着全人类的生存空间。为了减轻全球气候变化的影响并实现可持续发展，世界各国越来越重视绿色经济的发展。英国环境学家皮尔斯（Pierce）于 1989 年在《绿色经济蓝图》中首次提出了"绿色经济"的概念，报告中指出生态环境恶化和对消耗能源资源的代价应该与国家的经济挂钩，对造成生态环境污染的污染者实施惩罚措施，以实现经济的可持续发展①。绿色增长的实质就是绿色经济，通过实施绿色经济政策来实现国家的绿色增长。2002年 8 月，在南非约翰内斯堡召开了世界可持续峰会（WSSD），首次提出了"绿色增长"这一概念。随后，在 2005 年由联合国亚洲及太平洋经济社会委员会（U. N. ESCAP）举办的会议上正式提出了"绿色增长"的概念，这次会议的主要目标就是促成各国与地区积极实现绿色增长，倡导各国利用绿色、环保、节能的理念推进绿色增长方式，政府应该努力改变经济增长方式，并提倡发达国家向发展中国家提供财政与技术的支持，推动亚太地区可持续发展进程。在绿色增长的概念中，比较权威的是经合组织（OECD）给出的定义，它认为"绿色增长系指在确保自然资产能够继续为人类幸福提供各种资源和环境服务的同时，促进经济增长和发展"。②

通过对绿色增长概念的理解，可以总结出绿色增长的特征：一是绿色增长具有协调性。绿色增长代表着经济与环境的和谐。传统的经济增长只在乎收益的提高，而忽视了对环境的保护，为了经济增长而破坏了生态系统的平衡。绿色增长也代表着人与自然和谐共处。人类由于自身的行为与活动，导致对自然资源无节制的索取与利用，破坏了生态环境，人类赖以生存的环境受到了破坏，所以坚持绿色增长的最终原因还是倡导人与自然的和谐。二是绿色增长具有可持续性。人类所进行的生产和生活活动，必然会在过程中造成对资源的消耗和环境的破坏，如果

---

① 大卫·皮尔斯，绿色经济蓝图［M］. 李巍等译，北京：北京师范大学出版社，1996.
② OECD. Towards Green Growth［R］. OECD Meeting of the Council, 2011.

只追求经济利益，随意滥用资源，不仅会造成浪费，导致能源资源枯竭，还会反过来影响经济的增长。绿色增长要求经济、环境与社会的协调发展，不能以环境恶化为代价来提高经济效益，而是应该节约资源、保护环境从而提升经济水平，这是一个可持续发展的模型。三是绿色增长具有相对性。国家实施绿色增长战略并不是说在保护环境的同时经济就停滞了，也不能因为经济的增长而肆意破坏环境，经济增长可以改变环境，因为资源的消耗不可能是"零污染、零排放、零消耗"的，但要以环境的可容纳范围为标准，由于经济增长造成的环境污染要在环境可容纳范围内，在这种情况下，可以尽可能在经济发展的同时做到对环境造成的危害最小，使产生的污染不对人类与整个社会带来影响。所以说，绿色增长是相对的，要在环境可容纳范围内实现最快增长。

五、低碳经济理论

当今世界，经济高速发展，但带来的却是对环境问题的忽视，温室气体排放量连年增加，全球气候恶化。二氧化碳排放量的不断增长不仅仅是一国一个区域的问题，严重时会损害整个世界的发展，全球气候变暖除了对生活的环境产生破坏外，还会对我们的经济与政治生活产生负向影响，所以在未来全球必须重视低碳经济的发展，坚持以低耗能、低污染、低排放的低碳经济作为发展目标。第一个将低碳经济概念化的文件是 2003 年 2 月英国贸易工业部发布的《我们未来的能源——创建低碳经济》[①] 的能源白皮书，白皮书强调了英国现阶段所面临的两大挑战：一是面对不断恶化的气候变化，截至 2003 年，英国在 20 世纪 90 年代以来是历史上气温最高的十年，英国承诺将逐步减少温室气体的排放，到 2050 年，温室气体的排放量较目前水平

---

① 低碳经济的提法最早见诸政府文件是在 2003 年的英国能源白皮书《我们未来的能源——创建低碳经济》。

削减60%。二是在未来的几十年中，英国需要不断更新完善能源基础设施建设。传统的发电方式会带来温室气体的大量排放并污染环境，面对这一点，需要寻求应对气候变化的途径，用可再生能源进行发电是改变这种现状的重要方式。英国政府期望利用技术创新与制定相应政策，来进行一场关于能源的改革，建立清洁能源与可再生能源，减缓二氧化碳的排放，改善气候环境并促进人类社会的可持续发展。之后，于2007年12月，在巴厘岛召开了联合国气候变化大会并达成了"巴厘岛路线图"，要求联合国各国应遵循"共同但有区别的责任"原则，共同应对全球所出现的温室气体排放问题，这次"巴厘岛路线图"的目标是2020年前，发达国家温室气体的排放量应在1990年排放量的水平上削减25%~40%，并在力所能及的范围内为发展中国家与落后国家提供一定的技术与财政支持。"巴厘岛路线图"是人类社会在面对气候变化、环境恶化道路上的一个重要的里程碑，为可持续发展提供了重要指导方向。

付允等（2008）认为低碳经济是一种环境友好型的经济发展模式，有利于我国进行技术创新、能源结构改善、产业结构的调整，从而对生态环境进行保护。低碳经济在宏观的发展方向为低碳发展，在保持现有经济发展水平不变的条件下，进行低碳发展并限制二氧化碳排放的增加会制约经济增长，但是在维持现有经济发展速度和发展质量的水平上，通过提高技术水平，调整产业结构，开发新能源与可再生能源可以减少温室气体的排放从而进行低碳发展，因而低碳经济在中国的发展方式是节能减排。节能就是在经济产出量相同的情况下，利用比原来更少的能源，或者在能源消费量相同的情况下，获得比原来更有效的经济产出；而减排的最直观解释就是减少温室气体的排放；低碳经济在微观层面的发展方法为利用碳中和技术对二氧化碳的排放量进行削减。低碳技术的实施需要国家在财政以及技术上给予相对应的支持，对碳中和进行研发与创新。庄贵阳等（2009）认为低碳经济是大势所趋，中国正处于工业化与城市化快速发展的阶段，在过程中一定会产生大量的温室气体，但中国也应该在经济发展的同时寻求节能减排，要实现两者之间的双赢就需要走出一条特色的低碳经济发展道路。冯之浚（2010）提出了推进我国低碳经济发展的几点建议：一是优化经济结构的调整，目前我国第二产业所占比重较大，重工业化形势严峻，要不断培养新兴产业和高技术产业的发展，使之成为拉动经济增长的重要力量；二是对能源结构进行改善，我国大量温室气体的排放都源于化石燃料的燃烧，要大力发展电动汽车、积极发展水电、核电开发与利用，提高能源利用效率；三是持续开发低碳技术，加大科技投入。

实现低碳经济是全球各国发展的共同目标。目前，全球在经济不断发展的同时也应该重视伴随而来的环境恶化和二氧化碳排放的问题，意识到这些问题的严重性，如果置之不理，环境问题最终会导致经济发展停滞不前。但是全球各国在发展低碳经济的过程中，由于经济水平、地理位置、资源禀赋、科技发展等条件的不同，也会使各国对低碳经济发展的重视程度以及实现低碳经济发展的路径选择各不相同。低碳经济处于领先发展水平的仍然是发达国家，因为发达国家比发展中国家拥有更高的技术水平和更充足的资金与人才，能够优先培育出更多的低碳产业与低碳技术；而与中国发展类似的发展中国家，由于缺乏先进的科技，在低碳发展的道路上还将会面临更多的机遇与挑战。面对这种情况，各个发展中国家应根据本国的不同发展情况与特点，制定出符合本国国情发展的低碳经济发展路径，以此促进国家经济与环境、能源的协调与可持续发展。总而言之，低碳经济可持续发展的重点就是要不断降低二氧化碳的排放量，遏制高污染、高耗能企业的发展，使其向低耗能、低排放企业进行优化转型，以实现经济的绿色发展，二氧化碳作为恶化环境的"杀手"，需要全社会的共同努力减少二氧化碳的排放以此降低能源强度。因此可以说，发展低碳经济为降低省域能源强度提供了重要的理论与现实依据。

第三节　空间计量经济学理论

一、空间计量经济学与空间效应

空间计量经济学是经济地理学与空间统计学的融合，利用空间计量模型探究研究对象之间是否存在着空间上的依赖关系，即空间自相关性与空间异质性。传统的计量经济学认为研究对象是相互独立的并且性质也相同，但空间计量经济学则考虑了不同研究对象的不同性质以及它们之间所存在的关系是通过模型驱动的。空间计量经济学的发展开始于1974 年，由荷兰经济学家佩林克（Paelinck）首先提出[1]，之后空间计量经济学便应运而生。在 1988 年安瑟兰（Anselin）对空间计量经济学进行定义，并通过长时间的不断探索与研究，形成了相对完整的空间计量经济学体系。空间计量经济学区别于传统计量经济学的一个最重要特征就是在研究经济数据时将空间因素进行充分考虑，重视对数据空间效应的分析，弥补了传统经济学所忽略的经济活动对地理空间的溢出效应。现阶段空间计量经济学所应用的范围逐渐扩大，拓展到科技发展、能源发展与经济发展等诸多方面。空间效应的来源主要包括空间依赖性（Spatial Dependence）和空间异质性（Spatial Heterogeneity）。空间依赖性，即区域内的研究对象的观测值具有一定的相似性，并且研究对象观测值的高低会对其邻近研究对象观测值的高低产生影响。安瑟兰等（1996）进一步发展和完善了空间依赖性的概念，不同的因素会造成产生空间依赖性的原因不同，进而将空间依赖性又分为实质性依赖和扰动性依赖。其中实质性依赖反映不同区域之间存在相互的空间作用，具体

---

[1]　1974 年佩林克（Paelinck）在荷兰统计协会年会上首次提出了"空间计量经济学"的名词。

表现为集聚效应、辐射效应和示范效应等，是区域间经济或政策差异演变的真实存在。而扰动性空间依赖是指在数据采集的过程中发生干扰导致空间区域与采集数据的不匹配现象，是由测量中产生的误差所引起的。研究对象是否存在空间效应是检验区域间是否存在空间依赖的重要方法。由于受到地理空间多种因素的影响，观测对象表现为空间不均质性，即空间异质性。其通常表现为遗漏相关变量或因模型设定错误，或表现为因空间位置的不同而使得考察变量、参数以及方差均不同。空间计量经济学可以解决数据存在的空间异质性问题。而在研究空间计量学中很多学者采用探索性时空数据分析方法（ESTDA）进行研究。探索性时空数据分析方法是以时间和空间双重结合的面板数据作为研究对象，寻求所研究对象之间的空间分布规律，深入探究其中所包含的分布模式，并可以将这种规律和分布模式进行可视化分析，是空间计量研究中的一种重要方法。

二、空间权重矩阵分类及其构建原理

对空间计量模型进行应用前，先要对研究对象根据空间位置进行空间权重矩阵 W 的设置，这一特征可以使其区别于传统的计量模型。在空间分析过程中引入空间权重矩阵是空间探索分析的前提和基础。通常采用首先建立一个空间权重矩阵，其表达式如式（3.1）所示：

$$W = \begin{Bmatrix} w_{11} & w_{12} & \cdots & w_{1n} \\ w_{21} & w_{22} & \cdots & w_{2n} \\ \cdots & \cdots & \cdots & \cdots \\ w_{m1} & w_{m2} & \cdots & w_{mn} \end{Bmatrix} \tag{3.1}$$

其中，w_{ij} 为所使用的空间权重矩阵。空间权重的数值应该随着距离的增加而减少，或者随着公共边界与顶点的增加而增加，表现研究对象之间的空间关系，一般而言，基于样本空间关联的度量，可以选用地理距离或者社会关系距离，可以将其分为以下四类：

1. 二进制空间权重矩阵

邻近原则就是指如果两个观测空间是相邻的，那么权重值设定为1，如果两个观测区域是不相邻的，则设定为0。区域之间有相邻关系的空间权重矩阵可以定义为：邻接矩阵是为了阐释空间事物间的相互关联情况，位于不同空间的观测对象由于空间格局和相对位置的不同而确定不同程度的关联，从而对空间权重矩阵进行量化，形成可计算的空间关系。空间权重矩阵通过多种方式确定空间关联，包括点、线、面和网格。

基于所定义的邻近原则，可以将其分为两类，Rook 原则和 Queen 原则。Rook 原则所包含的邻近范围比较小，只有当两个区域存在共同的边界时才会成立；而 Queen 原则所包含的范围较广泛，当区域间存在共同的边界或者存在共同的顶点时即为相邻。所以可以观察到，利用 Queen 原则设置空间权重矩阵时产生的邻居会更多，而且也可以更加充分地反映观测对象在空间中的关系。对基于邻近原则的空间权重矩阵进行标准化运算，可以发现每一行的元素之和都等于1。一般情况下，对于空间权重矩阵中在对角线上的元素，即表示它们在空间上没有关联，$W_{ii}=0$；对于非对角线上的元素，如果两个观测对象拥有共同的边界或者共同顶点，代表它们之间是相邻的，那么 $W_{ij}(i\neq j)=1$；如果两个观测对象是不相邻的，那么 $W_{ij}(i\neq j)=0$。

对于面板数据，通常采用二元邻接矩阵反映空间之间的邻接关系，两个观测对象相邻，它们之间的空间关联性越强，观测对象之间距离越远，它们之间的空间相关性越弱，对空间权重矩阵 W 的定义为式（3.2）：

$$W_{ij}=\begin{cases} 1 & \text{区域 i 与区域 j 相邻} \\ 0 & \text{区域 i 与区域 j 不相邻} \end{cases}(j\neq i) \qquad (3.2)$$

其中，i，j 分别表示第 i 和第 j 个空间单元。

目前，二进制邻接矩阵采用 Queen 邻近计算得到，由 0 和 1 组成的邻接矩阵。

2. 基于距离的空间权重矩阵

空间距离权重矩阵要考虑两个空间单元的经济特征，其矩阵设置如式（3.3）所示：

$$W_{ij} = \begin{cases} 1, & \text{当区域 i 和区域 j 在距离 d 内} \\ 0, & \text{当区域 i 和区域 j 不在距离 d 内} \end{cases} (j \neq i) \qquad (3.3)$$

其中，d 为两个空间单位之间的最大距离，若距离在数值之内，则 $w_{i,j}$ 取值为 1，否则取值为 0。

3. 地理权重矩阵

上述的二进制权重矩阵和基于距离的空间权重矩阵都没有考虑区域之间存在的空间自相关性和空间异质性，但地理权重矩阵可以用来说明空间之间存在的相关或异质性，随着地理距离不断变得更加遥远，相互之间的关系也会越来越小，地理距离权重矩阵一般用负距离矩阵或者逆距离矩阵来表示。其矩阵设置如式（3.4）所示：

$$W_{ij} = \begin{cases} \dfrac{1}{r_{ij}^2}, & \text{当 } i \neq j \text{ 时} \\ 0, & \text{当 } i = j \text{ 时} \end{cases} \qquad (3.4)$$

其中，r 代表两个城市间的距离，通常采用两点间距离公式计算得到。

4. 社会经济权重矩阵

在进行空间计量的实证分析时，虽然二进制权重矩阵和距离矩阵最为常用，但是地理因素除了会受到空间效应的影响，还会受到与观测对象间经济、社会等因素的变化而产生的影响。鉴于此，不少学者选用人均 GDP、人均可支配收入等经济学变量来构建空间权重矩阵，国内外学者均采用经济变量之间差额的绝对值来构建空间经济权重矩阵，其表达形式如式（3.5）所示：

$$W_{ij} = \begin{cases} \dfrac{1}{|X_i - X_j|}, & \text{当 } i \neq j \\ 0, & \text{当 } i = j \end{cases} \qquad (3.5)$$

其中，X 代表选择的经济变量，X_i 和 X_j 则分别代表区域 i 和区域 j 相对应的经济变量，在实际研究中多用 GDP 来设置。

三、空间计量模型构建及其方法介绍

空间计量经济学模型有很多。本书主要纳入了基于空间依赖性的空间计量模型：空间滞后模型（Spatial Lag Model，SLM）、空间误差模型（Spatial Error Model，SEM）和空间杜宾模型（Spatial Durbin Model，SDM）。

1. 空间滞后模型（Spatial Lag Model，SLM）

又称空间自回归模型（Spatial Autoregressive Model，SAR）。其内涵是模型中所有解释变量都会通过空间传导机制直接作用于因变量，如区域间劳动、技术和知识流动等，则可通过加入因变量的空间滞后因子进行分析。空间滞后模型的一般表达式为式（3.6）：

$$Y = \beta X + \rho WY + \mu \tag{3.6}$$

其中，Y 为 $n \times 1$ 阶列向量；W 为 $n \times n$ 空间权重矩阵。WY 为空间滞后因变量。ρ 为空间相关系数，反映本地区的观测值 y 受邻近地区观测值 y 的影响。X 为 $n \times k$ 阶解释变量矩阵。μ 为 $n \times 1$ 阶随机误差向量。

2. 空间误差模型（Spatial Error Model，SEM）

由于政策性变量无法准确测量等原因，导致在建模的过程中会遗漏一些与因变量相关的变量，同时区域间可能会产生的随机误差会冲击空间溢出效应。空间误差模型主要研究邻近区域的误差冲击对本区域观测变量的影响，一般表达式为式（3.7）：

$$\begin{cases} Y = \beta X + \varepsilon \\ \varepsilon = \lambda W \varepsilon + \mu \end{cases} \tag{3.7}$$

其中，ε 为 $n \times 1$ 阶随机误差向量。λ 为空间误差系数，反映邻近区域的观测变量受到误差冲击后对本地区 Y 的影响。μ 为服从正态分布的随机误差向量。

3. 空间杜宾模型（Spatial Durbin Model，SDM）

又称面板空间交互模型，空间依赖效应可能是区域间内生和外生的交互效应以及具有自相关的误差项共同作用的结果。空间杜宾模型的表达式为式 (3.8)：

$$Y = \beta X + \rho WY + \theta WX + \mu \qquad (3.8)$$

其中，θ 为解释变量的空间自回归系数。

第四节　本章小结

如何有效降低中国省域能源强度成为中国经济及各方面研究关注的热点之一，更是国家如何实现低碳转型发展的重要内容。本章首先对能源进行定义并分类，然后阐述了能源强度的定义。之后，通过对能源强度的理论进行梳理，依据相关理论研究可以发现，生态经济理论作为基本，强调环境与经济发展的和谐共生。可持续发展理论是以发展经济为目标，以资源与环境承载力和保障社会稳定为前提，实现经济、社会与资源环境的协调发展。低碳经济理论则是通过资源的高效利用实现能源的低碳化或无碳化，并建立节能、减排机制以及清洁能源补偿机制等清洁模式指导生产与消费，逐步向低碳、绿色、清洁、高效的方向发展。绿色增长理论是建立在生态经济理论基础上的，是对生态经济的一种模式创新。循环经济理论和低碳经济理论是经济生态化的产业发展方式。五种理论相辅相成，通过提高生态保护意识，建立环境友好型社会，为降低省域能源强度提供坚实的理论基础。最后，由于本书研究的是中国省域能源强度的空间特征与影响因素，一定会涉及空间计量经济学的相关理论，主要研究的空间计量经济学理论包括：空间效应、空间权重矩阵以及空间计量模型的构建。

第四章

中国省域能源强度的测度

第一节　能源强度的测算

由第三章可知，能源强度即能源消费总量与生产总值的比值，当经济增长使得地区生产总值提高，而能源消费总量不变时，能源强度下降；而当能源消费总量增加，而地区生产总值不变时，会导致能源强度的提高。所以只有当能源消费总量下降率大于生产总值增长率时，才会实现能源强度的降低，并会推进节能减排的实现与绿色经济的发展。基于此，能源强度的测算公式可表达为式（4.1）：

$$EI = \frac{E}{GDP} = \frac{\sum E_i}{\sum GDP_i} \tag{4.1}$$

其中，E 表示中国能源消费总量，E_i 表示城市 i 的能源消费总量，中国的能源消费总量就是各省份能源消费总量之和，即 $E = \sum E_i$；EI 表示能源强度；GDP 表示国内生产总值，GDP_i 表示城市 i 的地区生产总值，$GDP = \sum GDP_i$。因此，如果一个地区能源强度较低，就代表了它所消耗的能源消费量较少但却得到了较高的生产总值；反之，如果一个地区能源强度较高即代表其消耗了较高的能源消费量但是生产总值没有提高甚至出现下降。

简单来说，能源强度就是能源消耗程度和与之相对应的生产总值之间的反映。如图4-1所示，能源消耗的过程存在从低消耗量到高消耗量的变化，经济增长的提高同时也存在从高产值到低产值的变化，只有在能源消费量较低和生产总值较高时，才会达到较低的能源强度水平。

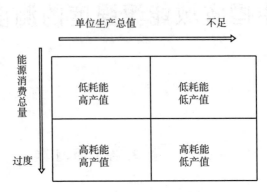

图4-1　能源强度的内涵特征

第二节　中国能源强度的总体状况分析

由于各个国家或地区能源禀赋和经济发展方式的不同，各地区的能源消费也存在差异，对能源消费差异和能源强度的分析有助于设计更加科学合理的节能减排战略规划。

一、中国能源消费总量与能源强度的比较分析

1. 中国能源消费总量的变动趋势

1990~2019年，中国能源消费总量增长了约4.9倍，环比增长率呈波浪式变化，最高为2004年，相比2003年环比增长16.84%；最低为1998年，相比1997年环比增长0.2%（见表4-1）。

表 4 - 1　　　　　1990～2019 年中国能源消费总量及增长率

年份	能源消费总量 （万吨标准煤）	能源消费增长率 （％）	能源消费环比增长率 （％）
1990	98703	—	—
1991	103783	5.15	5.15
1992	109170	10.60	5.19
1993	115993	17.52	6.25
1994	122737	24.35	6.15
1995	131176	32.90	6.88
1996	135192	36.97	3.06
1997	135909	37.69	7.15
1998	136184	37.96	0.20
1999	140569	42.42	3.22
2000	146964	48.90	8.15
2001	155547	57.59	5.84
2002	169577	71.81	9.02
2003	197083	99.67	9.15
2004	230281	133.31	16.84
2005	261369	164.80	13.50
2006	286467	190.23	10.15
2007	311442	215.53	8.72
2008	320611	224.82	2.94
2009	336126	240.54	11.15
2010	360648	265.39	7.30
2011	387043	292.13	7.32
2012	402138	307.42	12.15
2013	416913	322.39	3.67
2014	425806	331.40	2.13
2015	429905	335.55	13.15
2016	435819	341.55	1.38

年份	能源消费总量 （万吨标准煤）	能源消费增长率 （%）	能源消费环比增长率 （%）
2017	449000	354.90	3.02
2018	471925	378.13	5.11
2019	487488	393.89	3.30

资料来源：2005~2019 年《中国统计年鉴》和《中国能源统计年鉴》。

在一次能源消费结构的不同能源消费量中，横向观察，每一年的煤炭消费量占比都是最大的，其余依次是石油、一次电力及其他能源、天然气。纵向观察，1990~2019 年，煤炭消费量占比下降 18.5%，将占比最大的煤炭和石油合并，二者之和下降了 16.1%，天然气和一次电力及其他能源比重之和上升了 16.1%，说明随着国家对能源使用的政策约束和科技水平的提高，清洁高效的能源会逐步替代煤炭等低效高污染能源，从而不断优化能源结构，提高能源效率，降低能源消费强度（见表 4-2）。

表 4-2　　　　　　　1990~2019 年中国能源消费结构

年份	能源消费总量 （万吨标准煤）	占能源消费总量的比重（%）			
		煤炭	石油	天然气	一次电力及其他能源
1990	98703	76.2	16.6	2.1	5.1
1991	103783	76.1	17.1	2.0	4.8
1992	109170	75.7	17.5	1.9	4.9
1993	115993	74.7	18.2	1.9	5.2
1994	122737	75.0	17.4	1.9	5.7
1995	131176	74.6	17.5	1.8	6.1
1996	135192	73.5	18.7	1.8	6.0
1997	135909	71.4	20.4	1.8	6.4
1998	136184	70.9	20.8	1.8	6.5

年份	能源消费总量 （万吨标准煤）	占能源消费总量的比重（%）			
		煤炭	石油	天然气	一次电力及其他能源
1999	140569	70.6	21.5	2.0	5.9
2000	146964	68.5	22.0	2.2	7.3
2001	155547	68.0	21.2	2.4	8.4
2002	169577	68.5	21.0	2.3	8.2
2003	197083	70.2	20.1	2.3	7.4
2004	230281	70.2	19.9	2.3	7.6
2005	261369	72.4	17.8	2.4	7.4
2006	286467	72.4	17.5	2.7	7.4
2007	311442	72.5	17.0	3.0	7.5
2008	320611	71.5	16.7	3.4	8.4
2009	336126	71.6	16.4	3.5	8.5
2010	360648	69.2	17.4	4.0	9.4
2011	387043	70.2	16.8	4.6	8.4
2012	402138	68.5	17.0	4.8	9.7
2013	416913	67.4	17.1	5.3	10.2
2014	425806	65.6	17.4	5.7	11.3
2015	429905	63.7	18.3	5.9	12.1
2016	435819	62.0	18.5	6.2	13.3
2017	449000	60.4	18.8	7.0	13.8
2018	471925	59.0	18.9	7.6	14.5
2019	487488	57.7	19.0	8.0	15.3

资料来源：2005～2019 年《中国统计年鉴》和《中国能源统计年鉴》。

由表4－2可发现，虽然煤炭的消费量整体呈现下滑趋势，但占比一直在60%左右，仍居主体地位，在中国能源消费总量中的比重超过一半之多，在2019年达到了最小值57.7%。石油消费量比较平稳，维持在18%左右。在表格中可以明显看出，1999 年开始，我国天然气和一次电力及其他能源所占比重呈现逐年上升趋势，特别是在 2013 年之后，天然气占比超过 5%，而一次电力及其他能源占比超过 10%。

2. 中国能源强度的变动趋势

2005 ~ 2019 年，中国能源强度从总体来看呈现出下降趋势，从 2005 年的 1.39 吨标准煤/万元下降到 2019 年的 0.80 吨标准煤/万元，降幅达到 42.45%，年均降低率为 2.12%。2005 ~ 2019 年，中国能源消费强度一直处于持续回落的状态。

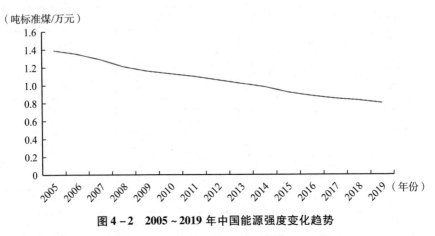

（吨标准煤/万元）

图 4 - 2　2005 ~ 2019 年中国能源强度变化趋势

资料来源：2005 ~ 2019 年《中国统计年鉴》和《中国能源统计年鉴》。

能源强度用来反映一个国家或地区能源消费总量与经济发展水平之间的关系，通过能源强度这一指标，可以揭示一个国家或地区能源结构是否合理，能源与环境发展是否均衡。能源强度低表明在创造同等的生产总值时，能源利用效率是高的，可以消耗更少的能源，说明经济结构越合理，造成的环境污染越小，科技发展水平越高；而能源强度越高，则表明创造同等的生产总值时需要消耗掉更多的能源，说明环境污染严重，国家经济结构需要调整。能源消费总量与能源强度变动趋势存在明显的差异。

二、中国省域能源消费量与能源强度的比较分析

中国 30 个省（自治区、直辖市）能源强度的时空演化都是以各省份间能源强度的演变趋势为基础的，所以对中国 2005～2019 年 30 个省份（由于数据短缺，不包括西藏）的能源强度数据的分析研究有利于明晰全国及各省份间能源强度的演化机理和规律，如表 4-3 所示。

表 4-3　2005～2019 年分地区能源消费量和能源强度均值与标准差

省份	能源消费量（万吨标准煤）		能源强度（吨标准煤/万元）	
	均值	标准差	均值	标准差
北京	6420.37	690.49	0.480677	0.122451
天津	6924	1531.946	1.022548	0.201093
河北	28035.1333	4078.597	1.80628	0.352798
山西	17761.6667	2483.749	2.462157	0.459178
内蒙古	17380.8667	4222.597	2.037605	0.456696
辽宁	20160.5333	3092.685	1.500427	0.28442
吉林	7444.46667	1166.776	1.463282	0.437658
黑龙江	10867	1315.639	1.27238	0.308326
上海	10273.146	1161.525	0.596495	0.145396
江苏	26628.1113	5004.855	0.681862	0.160286
浙江	17711.0733	3114.085	0.686421	0.140184
安徽	10546.7807	2418.328	0.837164	0.187695
福建	10066.1853	2533.089	0.68455	0.136256
江西	7078.98	1769.119	0.80791	0.165506
山东	35155.6667	5415.136	1.145488	0.267563
河南	20810.3333	2721.408	0.985609	0.298762
湖北	14852.9333	2337.13	1.052475	0.334563
湖南	14115.3333	2121.943	1.022414	0.334659

续表

省份	能源消费量（万吨标准煤）		能源强度（吨标准煤/万元）	
	均值	标准差	均值	标准差
广东	27463.5333	4868.499	0.612351	0.130906
广西	8438.2	2043.537	1.099278	0.1677
海南	1584.6	469.1956	0.819444	0.091522
重庆	7585.46667	1338.007	0.938823	0.341607
四川	17649	2865.923	1.129506	0.345962
贵州	8576.46667	1546.999	2.00693	0.61713
云南	9370.6	1912.179	1.271547	0.308418
陕西	9857.06667	2583.114	1.140761	0.207099
甘肃	6481.06667	1204.023	1.717924	0.389786
青海	3223.6	976.2878	2.94873	0.359425
宁夏	4638.93333	1576.739	3.744595	0.358143
新疆	11791.2	4747.329	2.158088	0.120122
全国	13296.41	1356.974	1.066684	0.191788

资料来源：2005～2019 年《中国统计年鉴》和各省份统计年鉴。

由表 4-3 可以看出，在我国的东部省份中，能源消费量总量最大的三个省份依次是山东省（35155.6667 万吨标准煤）、河北省（28035.1333 万吨标准煤）、广东省（27463.5333 万吨标准煤），能源消费总量最小的省份是海南省（1584.6 万吨标准煤），海南省的能源总量约占山东的 4.51%、河北的 5.65%、广东的 5.77%。中部省份中，能源消费总量最大的两个省份是河南省（20810.3333 万吨标准煤）和山西省（17761.6667 万吨标准煤），能源消费总量最小的省份是江西省（7078.98 万吨标准煤）。西部省份中，能源消费总量最大的两个省份是四川省（17649 万吨标准煤）和内蒙古（17380.8667 万吨标准煤），能源消费量最小的省份是青海省（3223.6 万吨标准煤）。通过对能源消费总量的分析可知，我国能源消费既存在地区间的差异，又存在地区内的差异。

通过分析中国 30 个省份能源消费总量和能源强度的均值与标准差

可知，我国有 16 个地区的能源强度的年平均值都超过了全国平均水平（1.066684 吨标准煤/万元），分别是河北（1.80628 吨标准煤/万元）、云南（1.271547 吨标准煤/万元）、辽宁（1.500427 吨标准煤/万元）、山西（2.462157 吨标准煤/万元）、吉林（1.463282 吨标准煤/万元）、陕西（1.140761 吨标准煤/万元）、内蒙古（2.037605 吨标准煤/万元）、黑龙江（1.27238 吨标准煤/万元）、山东（1.145488 吨标准煤/万元）、甘肃（1.717924 吨标准煤/万元）、广西（1.099278 吨标准煤/万元）、四川（1.129506 吨标准煤/万元）、贵州（2.00693 吨标准煤/万元）、青海（2.94873 吨标准煤/万元）、宁夏（3.744595 吨标准煤/万元）和新疆（2.158088 吨标准煤/万元）。其中，有 6 个地区的能源消费总量年均值超出全国平均水平（13296.41 万吨标准煤），分别是河北（28035.1333 万吨标准煤）、山西（17761.6667 万吨标准煤）、内蒙古（17380.8667 万吨标准煤）、辽宁（20160.5333 万吨标准煤）、山东（35155.6667 万吨标准煤）、四川（17649 万吨标准煤）。导致这些地区能源强度高的原因在于能源效率利用率低，需要注意能源结构的优化升级。另外，有 10 个省份的能源消费量年均值低于全国平均水平（13296.41 万吨标准煤），分别是吉林（7444.46667 万吨标准煤）、黑龙江（10867 万吨标准煤）、广西（8438.2 万吨标准煤）、贵州（8576.46667 万吨标准煤）、云南（9370.6 万吨标准煤）、陕西（9857.06667 万吨标准煤）、甘肃（6481.06667 万吨标准煤）、青海（3223.6 万吨标准煤）、宁夏（4638.93333 万吨标准煤）、新疆（11791.2 万吨标准煤），这些地区主要分布在中国西南、东北和西北，基于此可以推断出，这些地区能源消费量低，但是能源强度却偏高，是由于经济发展水平低下所导致的。同时，有 14 个省份的能源强度年均值低于全国平均水平（1.066684 吨标准煤/万元），分别是江西（0.80791 吨标准煤/万元）、湖北（1.052475 吨标准煤/万元）、江苏（0.681862 吨标准煤/万元）、北京（0.480677 吨标准煤/万元）、安徽（0.837164 吨标准煤/万元）、天津（1.022548 吨标准煤/万元）、湖南（1.022414 吨标准煤/万元）、上海（0.596495 吨标准煤/万元）、浙江

(0.686421 吨标准煤/万元)、福建（0.68455 吨标准煤/万元）、河南
（0.985609 吨标准煤/万元）、广东（0.612351 吨标准煤/万元）、海南
（0.819444 吨标准煤/万元）、重庆（0.938823 吨标准煤/万元）。其中,
有 6 个地区的能源消费总量年均值高于全国平均水平（13296.41 万吨
标准煤）,分别是江苏（26628.1113 万吨标准煤）、浙江（17711.0733
万吨标准煤）、河南（20810.3333 万吨标准煤）、湖北（14852.9333 万
吨标准煤）、湖南（14115.3333 万吨标准煤）、广东（27463.5333 万吨
标准煤）,由此可以推测,一个地区的能源消费量高并不一定表示这个
地区的能源消费强度也高,而是应该综合观察一个地区的经济发展水平
的高低。如果一个地区单位能源消费量增长超过单位经济增长,那么这
个地区的能源消费强度会随之升高,反之,则这个地区的能源强度会降
低。所以,这些地区由于地区生产总值增速超过其所消耗的能源消费量
的增速,致使其能源强度的平均值低于全国平均值。除此之外,由表
4-3可知,有 8 个地区的能源消费总量年均值低于全国平均水平
（13296.41 万吨标准煤）,分别是江西（7078.98 万吨标准煤）、北京
（6420.37 万吨标准煤）、福建（10066.1853 万吨标准煤）、天津（6924
万吨标准煤）、重庆（7585.46667 万吨标准煤）、上海（10273.146 万
吨标准煤）、安徽（10546.7807 万吨标准煤）、海南（1584.6 万吨标准
煤）,基于此可以推断出,随着国家与地方政府大力支持环保事业的发
展,人们的环保意识不断增强,各省逐渐认识到节能减排的重要性,调
整能源结构,实现能源消费量的不断下降。

第三节　中国能源强度的变动状况分析

一、中国能源强度的增长情况分析

表 4-4 是 2005~2019 年中国能源强度及其年度增长率。由表 4-4

可以发现，中国能源强度在 2005～2019 年的年增长率均为负值，不断下降的年增长率可以说明中国能源消费强度总体上呈现逐年下降趋势，中国在节能减排方面做了很多的努力，能源强度控制效果较好。中国能源强度从 2005 年的 1.395 吨标准煤/万元逐渐下降到 2019 年的 0.805吨标准煤/万元，并且在 2007 年、2008 年、2015 年和 2016 年的下降幅度波动比较大，下降速度在 5% 左右，这是因为中国度过了重工业化的转折期，这表明在"十一五"以及"十二五"过渡期间，中国政府与地方政府不断加大力度投入环保与绿色事业的可持续发展中，并且人们的环境保护意识与国家的技术水平不断进步，中央政府和地方政府进一步加大对能源消费，尤其是煤炭消费量的控制力度，因此，节能减排的成效也越来越突出。进一步优化能源消费结构，2019 年中国非化石能源占一次能源的比重达到 15.3%，煤炭消费占比下降到 57.7%，提前完成了能源发展"十三五"规划的目标。实行能源消费总量和强度双控制，是党的十八大提出的大方略，是推进生态文明建设的重点任务。这些政策规划对于中国近五年能源强度的控制起到了极佳的作用，中国的能源强度缓慢持续的降低，符合中国作为一个负责任大国的姿态。

表 4-4　　　　　　2005～2019 年中国能源强度及其年度增长率

年份	能源强度（吨标准煤/万元）	年增长率（%）
2005	1.395316	—
2006	1.356732	-2.77
2007	1.291252	-4.83
2008	1.212235	-6.12
2009	1.161700	-4.17
2010	1.126622	-3.02
2011	1.103667	-2.04
2012	1.063151	-3.67
2013	1.022758	-3.80

续表

年份	能源强度（吨标准煤/万元）	年增长率（%）
2014	0.978153	−4.36
2015	0.926133	−5.32
2016	0.881503	−4.82
2017	0.851012	−3.46
2018	0.825343	−3.02
2019	0.804688	−2.50

资料来源：2005～2019年《中国统计年鉴》。

二、中国省域能源强度的增长情况分析

能源强度是衡量一个国家或者地区能源消费量与经济增长之间关系变动趋势的重要指标。倘若一个国家或者一个地区能够在保持经济快速增长的同时，能源消费总量是不断降低的，那么就表明这个国家或者这个地区实现了经济环境高质量发展的经济模式。表4-5分别是2005年和2019年中国30个省份能源强度及年均增速情况。

表4-5　　中国30个省份2005年和2019年能源强度及年均增速

省份	2005年	2019年	年均增速
北京	0.706285	0.323911	−0.999981793
天津	1.293294	0.736254	−0.999624492
河北	2.260925	1.262029	−0.999714921
山西	3.125460	1.825086	−0.999463992
内蒙古	2.743139	1.714109	−0.99861622
辽宁	1.874587	1.166687	−0.998691771
吉林	1.914281	0.858579	−0.999986669
黑龙江	1.692456	0.856019	−0.9999283

省份	2005 年	2019 年	年均增速
上海	0.840551	0.400655	− 0.999968747
江苏	0.947358	0.459965	− 0.999959548
浙江	0.923503	0.499012	− 0.999819109
安徽	1.146246	0.576954	− 0.999932999
福建	0.896889	0.492921	− 0.999770628
江西	1.087478	0.576432	− 0.999861773
山东	1.515096	0.774871	− 0.999916238
河南	1.427735	0.558265	− 0.999998047
湖北	1.558341	0.620784	− 0.999997466
湖南	1.524200	0.58416	− 0.999998525
广东	0.815963	0.435785	− 0.99984639
广西	1.301141	0.853016	− 0.997290674
海南	0.928919	0.689285	− 0.984657404
重庆	1.433439	0.512702	− 0.999999439
四川	1.642046	0.679701	− 0.999995664
贵州	2.907882	1.146933	− 0.999997795
云南	1.722275	0.84602	− 0.999952368
陕西	1.459447	0.853831	− 0.999449738
甘肃	2.342594	1.178886	− 0.999933189
青海	3.344013	2.224014	− 0.996687365
宁夏	4.373168	3.65088	− 0.920123356
新疆	2.184487	2.056471	− 0.570637676

资料来源：2005 ~ 2019 年中国 30 个省份的统计年鉴。

　　从省域视角的年度能源强度的年增长率可以观察出，中国各省份能源强度年增长率在 2005 ~ 2019 年的 15 年为负值，由此可以推断，中国省际能源强度在 2005 ~ 2019 年逐年降低，但是 30 省份能源强度的差距依然存在，省份之间能源强度的差距在拉大。2005 年，能源强度最高的省份是宁夏（4.373168 吨标准煤/万元），能源强度最低的省份为北京（0.706285 吨标准煤/万元），宁夏的能源强度是北京的 6.19 倍，但到了 2019 年，宁夏的能源强度为 3.65088 吨标准煤/万元，依然是全国能源强度最高的省份，北京（0.324 吨标准煤/万元）仍然是能源强度最低的省份，宁夏与北京的能源强度比由 2005 年的 6.19 倍变成了 2019 年的 11.27 倍，能源强度比值翻了一倍。从能源强度的变化趋势可以看出，我国 30 个省份的能源强度在 2005～2019 年，都呈现出了不同程度的下降。15 年间，下降最多的省份是贵州、山西、甘肃，这些省份能源强度的下降说明了能源利用效率的提高；而能源强度下降最慢的省份是新疆，表明新疆未能有效地提高能源利用效率，能源利用效率低。

第四节　中国能源强度的时空分布分析

一、中国省域能源强度变动趋势的比较分析

图 4-3 是 2005～2019 年中国 30 个省份能源强度的变动趋势特征图。根据我国 30 个省份不同的经济发展状况，将我国分为四大区域：东部地区包括上海、广东、海南、浙江、天津、江苏、河北、福建、山东和北京九个省市；东北地区包括黑龙江、吉林和辽宁省；中部地区包括山西、湖北、江西、安徽、河南和湖南六省市；西部地区包括新疆、宁夏、内蒙古、青海、四川、云南、甘肃、贵州、陕西、重庆和广西。由图 4-3 可以看出，能源强度下降最多的三个省份是贵州、山西、甘肃，它们在 2005 年的能源强度分别为 2.91 吨标准煤/万元、3.13 吨标准煤/万元和 2.34 吨标准煤/万元，截至 2019 年下降幅度分别是 1.76 吨标准煤/万元、1.30 吨标准煤/万元和 1.16 吨标准煤/万元，远远高于其他省份，说明这三个省份还有很大的下降空间；而广东、海南、北京的下降幅度分别为 0.38 吨标准煤/万元、0.24 吨标准煤/万元和 0.38

吨标准煤/万元，下降幅度比其他省份要小。从这 15 年间中国 30 个省份能源强度变动图的整体趋势来看，2005 年以来，个别年份某些省份可能存在能源强度升高倾向，但总体来说，中国 30 个省份能源强度均呈现下降趋势，这种现象说明了中国在这 15 年间能源利用效率有了较大幅度的提升，然而各省区下降的过程中是否存在着相关性与差异性，有待于我们下一章继续讨论。

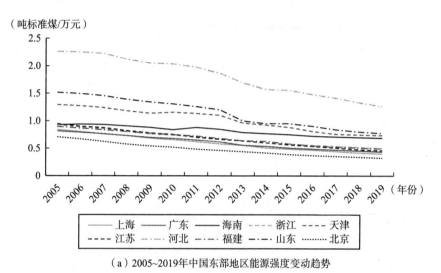

（a）2005~2019年中国东部地区能源强度变动趋势

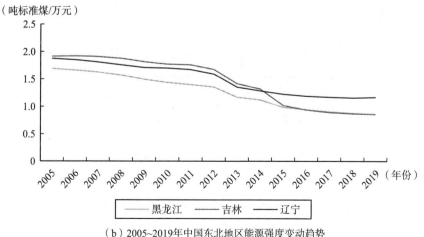

（b）2005~2019年中国东北地区能源强度变动趋势

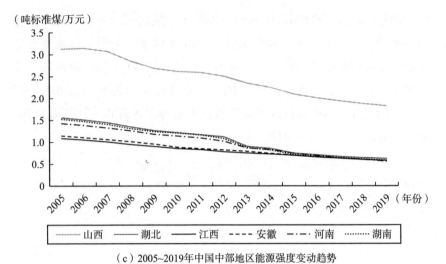

（c）2005~2019年中国中部地区能源强度变动趋势

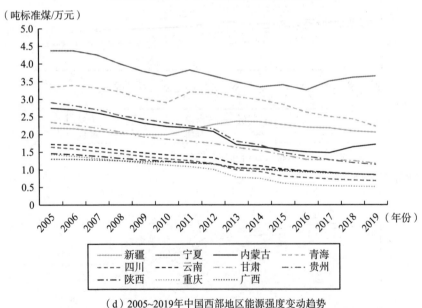

（d）2005~2019年中国西部地区能源强度变动趋势

图4-3　2005~2019年中国30个省份能源强度的变动趋势

资料来源：根据2005~2019年30个省份统计年鉴数据计算所得

二、中国省域能源强度空间分布的变化分析

空间差异性的产生是因为在研究的整个范围内研究主体所在的地理

位置差异、能源资源储存量、各地政府政策与经济发展水平的不同，导致各个观测对象出现不同的特性。空间数据会呈现不稳定特征的原因在于空间异质性的存在，不同的区域会导致其相关参数的不一致。建立计量模型时，当样本数据存在空间差异性特征时，会导致观测对象的解释变量与被解释变量中的相关参数的数值随着空间位置的不同而发生变化。

本节利用 Geoda 软件，分别绘制 2005 年、2010 年、2015 年和 2019 年中国 30 个省份能源强度水平空间分布，如图 4 - 4 所示。

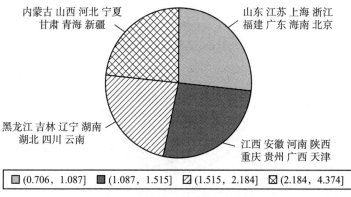

（a）2005年各省份能源强度分布

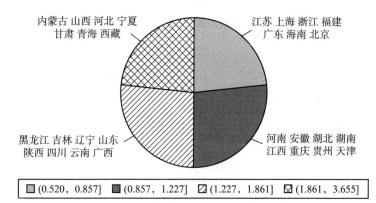

（b）2010年各省份能源强度分布

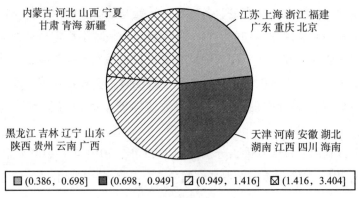

（c）2015年各省份能源强度分布

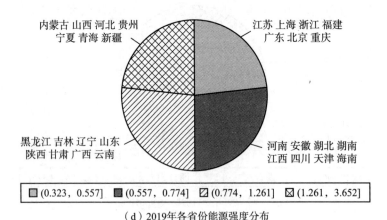

（d）2019年各省份能源强度分布

图 4 - 4　代表年份中国 30 个省份能源强度分布

　　依据我国 30 个省份能源强度的数据，大致可以将我国分为四个层次，且颜色浅的区域代表其能源强度水平越低，能源利用效率越高；颜色深的区域代表能源强度水平越高，能源利用效率越低。根据图 4 - 4 可知，我国能源强度从西北地区向东南沿海呈逐渐降低的趋势，并且在局部区域呈现出显著的聚集效应。在图中可以看出，能源强度最高的地区包括内蒙古、山西、青海和新疆等地在内的西北部地区；能源强度次高的省份包括黑龙江、吉林、辽宁的东北工业发展水平高的地区；能源强度次低的区域包括重庆、陕西等中部省份；能源强度最低的省份是上海、浙江、江苏、广东等东南沿海地区。这种现象产生的原因有以下几点：首先，中国的西北、西南地区能源资源储量丰富，但是经济发展水平低，导致能源强度比东南沿海地区高；其次，中国的东北地区以重工业为主，而第二产业尤其是重工业会消耗掉很多的能源量，不合理的产业结构导致能源消费量增加，并且东北地区冬季寒冷，需要依靠燃烧煤炭进行取暖，煤炭燃烧也会提高能源消费量，导致能源强度的增加；最后，东部沿海地区经济发达，技术水平与研发技术均属于全国领先位置，并且民众的环保意识也在不断增强。这些原因都导致了我国东部沿海地区能源强度低于东北和西北地区。

第五节 本章小结

本章首先利用能源强度计算公式测算了中国能源强度以及中国省域能源强度，并对中国及其30个省份的能源消费总量和能源强度的变动情况以及能源强度在2005～2019年的15年间的空间分布情况进行分析，研究结果表明：从时间分布层面来看，2005～2019年这15年间，中国能源强度总体上呈现逐年下降趋势，但是30个省份能源强度在15年间的某些年份却有升高趋势，但能源强度年增长率均是负值，说明中国省份能源强度也呈现下降趋势；从空间分布层面来看，我国省域能源消费量与能源消费强度都呈现出自西北地区向东部地区尤其是东南沿海地区递减的趋势，而且由于所观测范围内，经济发展水平与资源禀赋和地理位置的差异，会出现虽然能源消费量不断增加但是能源强度却反方向下降的变动趋势，这一现象向中央政府和地方政府反映出应该重视不同地区的经济发展的不同情况，因地制宜地制定有针对性的经济与环境、能源可持续发展的政策建议。

第五章

中国省域能源强度的空间
分布特征分析

　　1969 年，托布勒教授发表了"地理学第一定律"[①]，即空间中的任何事物之间都是有着一定的关联与联系，距离越近的事物关联性越大，反之，距离越远的事物关联性越小，也即空间相关性。而地理学第二定律在第一定律的基础上又提出了空间异质性，由于地理事物之间存在一定的地理距离，会使地理事物之间存在一定的差异。而空间效应就分为空间相关性与空间异质性，用来衡量不同地理位置之间的变量的空间关联程度。探索性时空分析方法（ESTDA）是在建立空间权重矩阵的基础上，对样本在一段时间内的变化情况进行检验，并测度其空间依赖程度的统计方法。基于以上说明，也可以推断出，随着时间的不断变化，能源强度在相邻地区间也会出现相似的变化程度。基于此，本节将利用探索性时空数据分析方法（ESTDA），通过对 2005～2019 年这 15 年间，中国 30 个省份能源强度进行研究分析，探索中国省域能源强度的空间集聚性与空间异质性，并揭示中国各省份间能源强度的空间关联性。

---

　　① 地理学第一定律由美国地理学家沃尔多·托布勒在 1969 年举行的国际地理联合会数量方法专业委员会议上提出。

第一节　设定空间权重矩阵

在第三章讨论能源强度与空间计量方法理论的分析中，我们已经讨论过空间权重矩阵。在本书中，中国 30 个省份在地理位置上是连续并且相互邻接的，由于中国地缘广阔，各省份间行政单位的地理范围较大，其重心坐标确定困难。并且，由于每个省份的地理位置是比较稳定的，研究人员不能自由设定其地理位置，各省份之间的距离是固定的，所以，在构建模型的过程中相对简单，也方便进行调整。中国 30 个省份之间的地理位置只有相邻与不相邻两种关系，相邻其值则设定为 1，不相邻则设定为 0。基于以上原因，本书需要采用 Queen 邻接原则来构建关于中国 30 个省份地理位置的空间权重矩阵（Queen 邻接矩阵以是否有公共顶点或者公共边界来定义其邻居，Queen 邻接矩阵所包含的范围更全面）。这里需要重点说明的是，在对中国 30 个省份进行空间权重矩阵构建时，由于海南在地理位置上不与任何省份存在共同的顶点或者边界，但在生成权重矩阵时，为了更具体展示中国省域能源强度的空间自相关性特征，本书设定海南与广东省和广西壮族自治区相邻。合理设定空间权重矩阵，可以更完整、更全面地反映空间计量结果。

第二节　空间自相关分析方法

空间相关性就是研究在一个空间中，某个地理单元与它周围邻近的地理单元之间，针对某一种属性，运用计量统计学分析方法，研究这些地理单元间的空间相关的紧密程度，并分析这些地理单元存在的空间集聚性或空间分散性特征。本章对中国 30 个省份能源强度进行空间自相关研究，分析某个省份能源强度受到其邻近地区能源强度大小的程度，并且阐述出现的空间聚集效应，即相邻省份之间的能源强度的数值会相近，两地区地理距离越远，则能源强度相差越大，这是由于相邻省份地理距离相近，文化、经济水平与资源禀赋差距小，并且相互间交流比较频繁，所以相互之间的影响作用越大。

空间自相关性检验是用来分析变量在空间上是否相关，以及相关的紧密程度，是建立在空间计量模型的基础上，为后续进行空间数据分析提供依据。本书采用探索性时空数据分析方法（ESTDA）对中国省域能源强度的面板数据进行相关性检验，判断其是否具有空间集聚现象或分散现象，并得出空间相关性的正负方向。空间自相关性分析包括全局空间自相关与局部空间自相关分析。

一、全局空间自相关

全局空间自相关就是在指定的一个空间系统内，用于衡量其变量存在的空间自相关的程度的一个全面系统性的评价，判断在这个空间系统内的数据是否存在集聚倾向、离散倾向或是随机倾向。全局莫兰指数（Moran's I）可以广泛反映出全局空间自相关的统计量，全局莫兰指数针对相邻地区研究对象所存在的相似程度来确定空间自相关的集聚与离散性质。

全局莫兰指数的取值范围在 $-1 \sim 1$，莫兰指数的数值小于 0，说明数据之间呈现空间负相关关系，高值地区与低值地区相邻，并且数值越小，空间之间差异性越大；莫兰指数的数值大于 0，表示地区之间存在着空间正相关关系，即高值地区与高值地区相邻，低值地区与低值地区相邻，呈现空间集聚现象；莫兰指数等于 0，表示空间上的地区间不存在空间自相关关系，彼此之间相互独立，一个地区的变化对其邻近地区不产生任何影响。全局 Moran's I 指数的计算公式为式（5.1）：

$$I = \frac{n \sum\limits_{i=1}^{n} \sum\limits_{j=1}^{n} w_{ij}(x_i - \bar{x})(x_j - \bar{x})}{\sum\limits_{i=1}^{n} \sum\limits_{j=1}^{n} w_{ij} \sum\limits_{i=1}^{n} (x_i - \bar{x})^2} = \frac{\sum\limits_{i=1}^{n} \sum\limits_{j=1}^{n} w_{ij}(x_i - \bar{x})(x_j - \bar{x})}{S^2 \sum\limits_{i=1}^{n} \sum\limits_{j=1}^{n} w_{ij}}$$

$$(5.1)$$

其中，$\bar{x} = \dfrac{1}{n} \sum\limits_{i=1}^{n} x_i$，$S^2 = \dfrac{1}{n} \sum\limits_{i=1}^{n} (x_i - \bar{x})^2$；n 为空间中所包含的研究对象的数量，$x_i$、$x_j$ 分别为第 i 个对象和第 j 个对象的观测值；w_{ij} 是空间权重矩阵第 i 行第 j 列的数，两地区相邻，数值记为 1，不相邻记为 0。

对全局空间自相关的结果进行 Z 值显著性的统计检验时，计算公式如式（5.2）所示：

$$Z(I) = \frac{I - E(I)}{\sqrt{Var(I)}} - N \qquad (5.2)$$

其中，$Var(I)$ 为全局莫兰指数的理论方差，$E(I) = -\dfrac{1}{n-1}$ 是理论期望。Z 值反映所研究对象的离散程度，如果 Z > 0，且 Z 值的统计检验显著，意味着所研究的对象在空间分布上呈显著的正相关性。

二、局部空间自相关

全局莫兰指数可以描述全部研究对象在空间分布上的自相关性，但是它代表的是全部研究对象在某个空间范围内的平均差异，并不能反映各个研究对象之间的局部空间自相关情况。而局部空间自相关检验考虑了不同研究对象所处区域的差异性，对某一研究对象和其邻近研究对象之间的相互关系进行分析，判断某一研究对象的数值改变是否对与其邻近的研究对象存在空间集聚、空间离散或者随机倾向。局部空间自相关检验不但可以说明研究对象与其邻近对象的空间相关性，而且还能反映出整个空间范围内的所有研究对象之间是否存在空间异质性。一般采用莫兰散点图和 LISA 来进行局部空间自相关分析。将全局莫兰指数分解到各个省区单元即可得到局部空间自相关，可用局部莫兰指数表示。对于某个省区空间单元 i 有式（5.3）：

$$I_i = \frac{(x_i - \bar{x})}{\sum\limits_{i}(x_i - \bar{x})^2} \times \sum\limits_{j} W_{ij}(X_j - \bar{X}) = Z_i \sum\limits_{j} W_{ij}Z_{ij} \qquad (5.3)$$

其中，W_{ij} 为空间权重矩阵，Z_i 和 Z_j 为标准化的观测量，$Z_i = \dfrac{x_i - \bar{x}}{\sigma}$

为通过标准化变换后每行和为1且非对称性的权重矩阵。

三、莫兰散点图

莫兰散点图由全局莫兰指数画出，分析整个空间范围内地理单元与其邻近单元的局部空间自相关关系。散点图中各个点所在象限即表示每个地理单元与其相邻地理单元间的相关情况，以空间地理单元中的观测值定义为横坐标，用相邻区域的平均观测值所代表的空间滞后向量为纵坐标，建立平面坐标系并画出散点图，即为莫兰散点图。利用 Geoda 软件，可以生成中国省域能源强度空间相关系数的莫兰散点图，计算 30 个省份的能源强度，并分布在平面坐标系的四个不同的象限内，进而可以分析出各个省份与其邻近省份的空间相关关系。其中，每个样本点距离原点的远近象征着样本与周围样本集聚程度的显著性，距离原点越远，表示其显著性越好，与周围的样本集聚程度越高。莫兰散点图中的四个象限分别代表四种不同的局部空间分布模式：观测点在第一象限表示地理单元观测值较高，并且与之相邻的地理单元的观测值也高，属于 High-High（H－H 类型）类型；观测点在第二象限表示自身地理单元观测值比较低，但其周围邻近地理单元的观测值较高，与之呈现负相关关系，属于 Low-High（L－H 类型）类型；观测点在第三象限表示地理单元自身观测值较低，与其相邻的地理单元的观测值同样较低，属于 Low-Low（L－L 类型）类型；观测点在第四象限表示地理单元观测值较高，但与其邻近的地理单元观测值较低，属于 High-Low（H－L 类型）类型。如图 5－1 所示。观测点分布在第一象限（H－H 型）和第三象限（L－L 型），说明其地理单元与邻近单元有着相似的特征，存在空间正相关关系，观测值与邻近单元观测值均处于高值或低值；观测点分布在第二象限（L－H 型）和第三象限（H－L 型），说明其地理单元与邻近单元有着相异的特征，存在空间负相关关系，观测值与邻近单元观测值相反，出现高值包围低值或者低值包围高值的情况，具有分异特征。

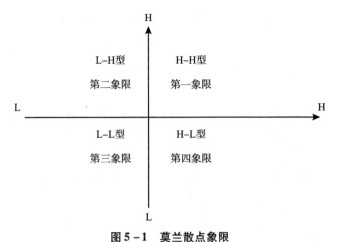

图 5 - 1　莫兰散点象限

四、LISA 时空跃迁测度

LISA 即局部关联指数，根据指数及 p 值（显著性水平）得到每个区域与邻近区域相关性的大小和方向，定量地表现其是否具有空间相关关系，并将结果用图像的形式展现出来，使得检验结果能够更加直观。

LISA 是以局部的角度揭示其研究的对象之间是否具有空间依赖性（Anselin，1995），在此基础上，雷伊（Rey，2001）根据特定的时间阶段内不同时间段莫兰散点图中各研究对象之间局部空间关联类型的转移情况，提出了时空跃迁（Space-Time Transition）。时空跃迁刻画了随着时间的推移，各个研究对象之间的空间转移形式的演化方向，其中，时空跃迁包括四种类型：类型 I 表示只有所研究的地理单元发生了跃迁现象，包括 $HH_t \rightarrow LH_{t+1}$、$HL_t \rightarrow LL_{t+1}$、$LH_t \rightarrow HH_{t+1}$、$LL_t \rightarrow HL_{t+1}$；类型 II 表示只有与其邻近的地理单元发生了跃迁，包括 $HH_t \rightarrow HL_{t+1}$、$HL_t \rightarrow HH_{t+1}$、$LH_t \rightarrow LL_{t+1}$、$LL_t \rightarrow LH_{t+1}$；类型 III 表示所研究的地理单元与邻近地理单元都发生了跃迁现象，包括四种情况：$HH_t \rightarrow LL_{t+1}$、$HL_t \rightarrow LH_{t+1}$、$LH_t \rightarrow HL_{t+1}$、$LL_t \rightarrow HH_{t+1}$，$HH_t \rightarrow LL_{t+1}$ 和 $LL_t \rightarrow HH_{t+1}$ 表示跃迁的方向一致，另两种情况表示跃迁方向相异；类型 IV 表示所研究的地理单元与邻近地理单元无变化，并没有发生跃迁现象，即 $HH_t \rightarrow HH_{t+1}$、$HL_t \rightarrow HL_{t+1}$、$LH_t \rightarrow LH_{t+1}$、$LL_t \rightarrow LL_{t+1}$。LISA 时空跃迁的四种类型可用图 5 - 2 表示。

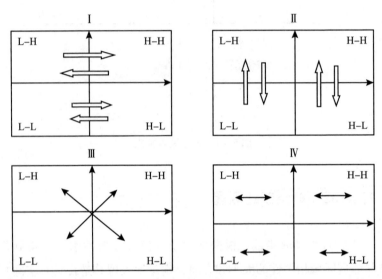

图 5 - 2　莫兰散点图时空跃迁类型

利用时空跃迁方法测度不同时间各省份间局部空间关联的转移方向。将时空跃迁分为以下四种类型以揭示所研究省域与相邻省间能源强度的转移状态：第一种类型是研究省域自身发生转移，邻近省份能源强度没有发生跃迁，即自身跃迁—邻省稳定；第二种类型是研究省域自身不发生转移，相邻省份发生转移，即邻省跃迁—自身稳定；第三种类型是所研究省域自身与邻近省份均发生转移，并分为相同方向转移与相反方向转移，即自身跃迁—邻省跃迁；第四种类型是所研究省域自身与邻近省份均不发生跃迁，呈现相同的稳定现象，即自身稳定—邻省稳定。其空间稳定程度可用 S_t 表示，S_t 计算公式如式（5.4）所示：

$$S_t = \frac{F_{0,t}}{n} \tag{5.4}$$

其中，$F_{0,t}$ 表示在研究时间 t 内，能源强度呈现"自身稳定—邻省稳定"跃迁类型的省份数量；n 为所有可能发生跃迁的省份数量。$S_t \in$ [0，1]；S_t 值越大，表明能源强度的空间稳定程度越强，不易发生时空跃迁，阻力较大。

第三节　中国省域能源强度的空间相关性分析

根据上一节对空间自相关问题的介绍，我们应该首先分析我国各省份能源强度是否存在相关性，所以本节应从整体入手，研究中国省域能源强度的空间相关性，验证空间计量方法在中国省域能源强度分析中的合理性，为下一章建立空间计量模型研究中国省域能源强度的影响因素打下基础。

一、中国省域能源强度的全局自相关分析

基于科学性、合理性以及数据可获得性等原则，本书将运用 Geoda 软件并选择探索性时空数据分析方法（ESTDA）探究 2005 ~ 2019 年这 15 年间中国省际能源强度的全局空间特征及其演变规律（西藏地区由于数据不全，不包括在内）。省域能源强度，即一个省份能源消费总量与该省份生产总值的比值。考虑我国节能减排等相关规划目标均以 2005 年为基期，因此为增强参考性，省际生产总值以 2005 年不变价进行折算。2005 ~ 2019 年能源消费总量、各地区生产总值及其指数数据均来自《中国统计年鉴》《中国能源统计年鉴》及各省区统计年鉴。

为分析我国各省份能源强度的相关性，首先需要运用 GeoDa 建立一次邻接规则的 queen 空间权重矩阵，用于分析各省份之间的空间联系紧密程度，空间权重矩阵生成后，再用 GeoDa 软件计算出自 2005 ~ 2019 年这 15 年间中国 30 个省份能源强度的莫兰指数值，并采用随机排列法构造正态分布检验其显著性。表 5 - 1 是 2005 ~ 2019 年中国 30 个省份能源强度全局自相关的莫兰指数值与 Z 值的统计结果。由图 5 - 3 可以

发现，2005～2019 年中国 30 个省份能源强度的全局莫兰指数均为正值，并且数值均在 0～1，且 Lisa 正态统计量 Z 值均通过显著性水平 0.01 的检验（伴随概率 P 值均小于 1% 的水平），这样的研究结果表明，在整个关于中国省域能源强度的研究期间，中国 30 个省份能源强度的空间分布特征并非是随机的，省级之间的能源强度存在较强的空间正相关关系，每个省份间的能源强度的高低会对与之相邻的省份间的能源强度产生与之相关联的影响，同时，其省域自身的能源强度的高低也会受其与之相邻的省份的能源强度的影响。能源强度高的省域与能源强度低的省域在空间上也呈现高高集聚与低低集聚的现象，而集聚的含义是，在整个空间范围内，能源强度较低的省份彼此相邻，能源强度较高的地区也互相聚集。

表 5-1　　2005～2019 年中国 30 个省份能源强度的全局莫兰指数

年份	Moran'I	P 值	Z 值	年份	Moran'I	P 值	Z 值
2005	0.416	0.001	4.1070	2013	0.375	0.003	3.7104
2006	0.404	0.001	4.0096	2014	0.378	0.003	3.7306
2007	0.398	0.002	3.9536	2015	0.337	0.003	3.4055
2008	0.408	0.001	4.0278	2016	0.323	0.003	3.2640
2009	0.411	0.001	4.0370	2017	0.303	0.006	3.1661
2010	0.412	0.001	4.0269	2018	0.307	0.007	3.2558
2011	0.388	0.002	3.8399	2019	0.299	0.007	3.2183
2012	0.403	0.002	3.9339				

资料来源：根据《中国统计年鉴》《中国能源统计年鉴》及各省已统计年鉴计算得出。

通过对表 5-1 的分析可以得出中国 30 个省份能源强度在 2005～2019 年的总体空间变化规律：在时间维度上全局莫兰指数在 0～1，中国 30 个省份莫兰指数在 15 年间一直保持在 0.3～0.5，并且 P 值均低于 0.05，说明我国各省份之间的能源强度的高低并不是毫无联系的，相反，呈现出明显的全局自相关性特征，形成了空间集聚效应，即能源强度较低的省份与能源强度较低的省份聚集在一起，能源强度较高的省份聚集在一起，而且某省份的经济活动会影响与之邻近省份的能源强度的高低，并产生一定作用与影响。我国能源强度在空间上的聚集也说明了引入莫兰指数来进行空间计量的重要性。在整个 15 年间，中国 30 个省份的莫兰指数都是正值，并且小于 1。在 2005～2006 年，莫兰指数有所下降，由 2005 年的 0.416 下降到 2006 年的 0.404；在 2007～2010 年，能源强度的莫兰指数有所上升，说明能源强度的空间集聚特征越发明显，逐渐呈现出高高聚集和低低聚集趋势；2011 年后，能源强度的莫兰指数逐渐稳定，空间集聚特征不断增强。

二、中国省域能源强度的局部相关性分析

（一）Moran 散点图

中国 30 个省份能源强度的全局莫兰指数表明，中国各省份能源强度呈现显著的空间自相关性，空间尺度也与能源强度的空间特征有关。中国各省份能源强度的全局莫兰指数显著说明在其整个空间范围内，能源强度具有显著的空间集聚特征，而引入时间维度的莫兰指数可以体现中国省域能源强度的动态空间特征。但是，省际能源强度的整体时空演进过程没有揭示中国各个省份位置变化特征的空间相关性。所以，在本节中，将运用 Moran 散点图与 LISA 集聚图来分析中国各省份能源强度的空间集聚特征与位置变动方向，对各省份能源强度的时空特征与位置变化进行研究与分析，以此发现中国省域能源强度的空间集聚点与空间集聚的区域范围。

全局 Moran 指数只能说明在整体范围内中国各省份能源强度具有显著的空间自相关关系，但是却不能描述不同省份能源强度的空间相关性所对应的具体情况，而莫兰散点图正好可以弥补全局莫兰指数的这一不足，并进行了比较全面的改进。在 Moran 散点图中，横坐标表示在空间地理单元中的进行标准化后的观测值，纵坐标表示与观测值邻近的地理单元进行标准化后的平均值，也是这个空间地理单元的滞后值，而相应

的纵坐标与横坐标的线性回归系数则为全局莫兰指数，是用来分析空间地理单元的局部相关性。根据中国 30 个省份横坐标与纵坐标的数值，可以将它们分为四个类型：位于第一象限，表示本省域能源强度较高，相邻省份能源强度也较高，存在空间正相关关系；位于第二象限，表示本省域能源强度较低，相邻省份能源强度较高，本省域被相邻省市所包围，存在空间负相关关系；位于第三象限，说明本省域能源强度与相邻省份能源强度均较低，存在空间正相关关系；位于第四象限，说明本省域能源强度较高，而相邻省份能源强度较低，存在空间负相关关系。处于第一象限（H-H）与第三象限（L-L）的观测点，表示该区域内能源强度存在正相关关系并出现空间集聚现象；处于第二象限（L-H）和第四象限（H-L）的观测点，表示该区域内能源强度存在负相关关系并出现空间异质性特征。最终考虑进行局部空间分析中时间间隔的均衡性，选定每隔三年，即 2005 年、2008 年、2011 年、2014 年、2017 年及 2019 年度的数据进行局部空间自相关的研究和分析。根据 2005～2019 年各省份的能源强度数据，借助 Geoda 软件进一步绘制各主要年份能源强度的 Moran 散点图，如图 5-3 所示。

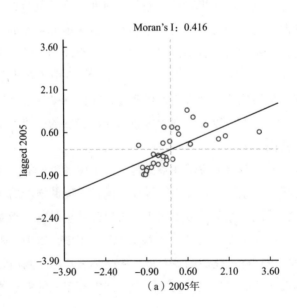

（a）2005年

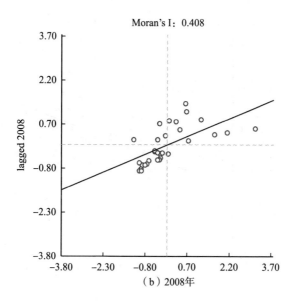

（b）2008年

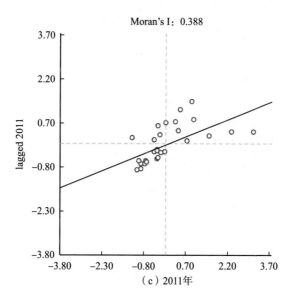

（c）2011年

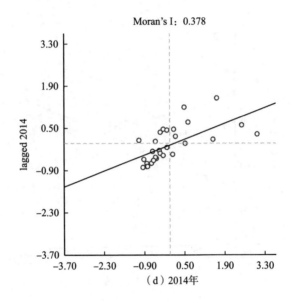

（d）2014年

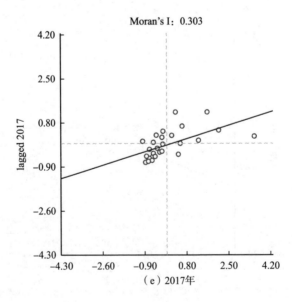

（e）2017年

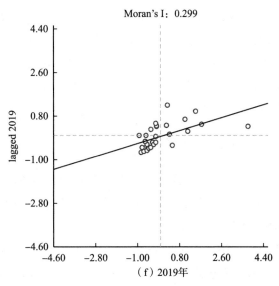

图 5 - 3 代表年份中国 30 个省份能源强度莫兰散点图

本书主要运用局部空间统计的方法，将全局莫兰指数分解到每个省际，利用 Geoda 软件，分阶段绘制出中国省域能源强度的局部莫兰散点图。图 5 - 3 可以反映出在主要年份中国 30 个省份能源强度呈现的空间特征，即是否具有空间自相关性或者空间分异性，如果本省域与邻近省份呈现空间上的集聚性，表明其处于第一象限（H－H）或第三象限（L－L）；如果本省域与邻近省际呈现空间上的分异性，则表明处于第二象限（L－H）或者第四象限（H－L）。由图 5 - 3 观察可知，大部分省份都处于第一象限（H－H）和第三象限（L－L），具有较强的稳定性，由此反映出中国大部分省份能源强度与相邻省份能源强度呈现正相关关系，这些省份与相邻省份能源强度的特征值是相似的（同高或同低），说明中国省域能源强度空间依赖程度高，具有显著性，并且有空间集聚的趋势。在每一个平面坐标系中可以发现，观测点位于第一象限的"H－H"集聚的省份数量要远远少于观测点位于第三象限的"L－L"集聚的省份数量，低能源强度省份的聚集要多于高能源强度省份的聚集，中国省域能源强度在总体上呈现出下降的趋势，这主要是由于中国政府及地方政府不断意识到节能减排的重要性与进行能源结构与产业结构优化的结果。通过上述分析表明,中国省域能源强度整体上呈现空间正相关关系,但与此同时,有少量省份能源强度观测点落在第二象限(L-H)和第四象限(H-L),各省份间经济发展水平与能源消费总量差异较大,存在空间差异性。

(二) 不同象限的省域分布

根据中国 30 个省份能源强度在 2005~2019 年的空间集聚特征,按照区域空间关联关系,可以将能源强度按照高低和聚集的象限不同分为以下四类:高—高集聚区(H-H)位于第一象限、低—高集聚区(L-H)位于第二象限、低—低集聚区(L-L)位于第三象限、高—低集聚区(H-L)位于第四象限,其中,高—高集聚区(H-H)与低—低集聚区(L-L)表示能源强度相似的省份在此集聚,形成空间集聚现象,并且这些省份的能源强度不仅出现集聚的特性,地理位置上也是相互邻近的;低—高集聚区(L-H)和高—低集聚区(H-L)表示能源强度差异较大的省份在空间上呈现出集聚的特征,并且这些省份在地理位置上也是相邻的。综上所述,通过对中国省域能源强度随着时间推移进行类型的变迁,可以汇总中国省域能源强度的时空演化路径,并对莫兰散点图中各省份所处的观测点进行归纳与汇总,得到不同年份局部 Moran 位于不同象限的省份分布情况,如表 5-2 所示。

表 5-2　2005~2019 年中国 30 个省份局部 Moran'I 位于不同象限的省区分布

年份	第一象限 (H-H)	第二象限 (L-H)	第三象限 (L-L)	第四象限 (H-L)
2005	河北、山西、内蒙古、辽宁、吉林、黑龙江、甘肃、青海、宁夏、新疆	北京、河南、四川、陕西	天津、上海、江苏、浙江、安徽、福建、江西、山东、湖北、湖南、广东、广西、海南、重庆、贵州	云南
2006	河北、山西、内蒙古、辽宁、吉林、黑龙江、甘肃、青海、宁夏、新疆	北京、河南、四川、陕西	天津、上海、江苏、浙江、安徽、福建、江西、山东、湖北、湖南、广东、广西、海南、重庆、贵州	云南

续表

年份	第一象限 （H－H）	第二象限 （L－H）	第三象限 （L－L）	第四象限 （H－L）
2007	河北、山西、内蒙古、辽宁、吉林、黑龙江、甘肃、青海、宁夏、新疆	北京、河南、四川、陕西	天津、上海、江苏、浙江、安徽、福建、江西、山东、湖北、湖南、广东、广西、海南、重庆、贵州	云南
2008	河北、山西、内蒙古、辽宁、吉林、黑龙江、甘肃、青海、宁夏、新疆	北京、河南、四川、陕西	天津、上海、江苏、浙江、安徽、福建、江西、山东、湖北、湖南、广东、广西、海南、重庆、贵州	云南
2009	河北、山西、内蒙古、辽宁、吉林、黑龙江、甘肃、青海、宁夏、新疆	北京、河南、四川、陕西	天津、上海、江苏、浙江、安徽、福建、江西、山东、湖北、湖南、广东、广西、海南、重庆、贵州	云南
2010	河北、山西、内蒙古、辽宁、吉林、黑龙江、甘肃、青海、宁夏、新疆	北京、河南、四川、陕西	天津、上海、江苏、浙江、安徽、福建、江西、山东、湖北、湖南、广东、广西、海南、重庆、贵州	云南
2011	河北、山西、内蒙古、辽宁、吉林、甘肃、青海、宁夏、新疆	北京、黑龙江、河南、四川、陕西	天津、上海、江苏、浙江、安徽、福建、江西、山东、湖北、湖南、广东、广西、海南、重庆、贵州、云南	
2012	河北、山西、内蒙古、辽宁、吉林、黑龙江、甘肃、青海、宁夏、新疆	北京、河南、四川、陕西	天津、上海、江苏、浙江、安徽、福建、江西、山东、湖北、湖南、广东、广西、海南、重庆、贵州、云南	
2013	河北、山西、内蒙古、辽宁、吉林、甘肃、青海、宁夏、新疆	北京、黑龙江、河南、四川、陕西	天津、上海、江苏、浙江、安徽、福建、江西、山东、湖北、湖南、广东、广西、海南、重庆、云南	贵州
2014	河北、山西、内蒙古、辽宁、吉林、甘肃、青海、宁夏、新疆	北京、黑龙江、河南、四川、陕西	天津、上海、江苏、浙江、安徽、福建、江西、山东、湖北、湖南、广东、广西、海南、重庆、云南	贵州
2015	河北、山西、内蒙古、辽宁、甘肃、青海、宁夏、新疆	北京、吉林、黑龙江、河南、四川、陕西	天津、上海、江苏、浙江、安徽、福建、江西、山东、湖北、湖南、广东、广西、海南、重庆、云南	贵州

年份	第一象限 (H-H)	第二象限 (L-H)	第三象限 (L-L)	第四象限 (H-L)
2016	河北、山西、内蒙古、辽宁、甘肃、青海、宁夏、新疆	北京、吉林、黑龙江、河南、四川、陕西	天津、上海、江苏、浙江、安徽、福建、江西、山东、湖北、湖南、广东、广西、海南、重庆、云南	贵州
2017	山西、内蒙古、辽宁、甘肃、青海、宁夏、新疆	北京、吉林、黑龙江、河南、四川、陕西	天津、上海、江苏、浙江、安徽、福建、江西、山东、湖北、湖南、广东、广西、海南、重庆、云南	河北、贵州
2018	河北、山西、内蒙古、辽宁、甘肃、青海、宁夏、新疆	北京、吉林、黑龙江、河南、四川、陕西	天津、上海、江苏、浙江、安徽、福建、江西、山东、湖北、湖南、广东、广西、海南、重庆、云南	贵州
2019	河北、山西、内蒙古、辽宁、甘肃、青海、宁夏、新疆	北京、吉林、黑龙江、四川、陕西	天津、上海、江苏、浙江、安徽、福建、江西、山东、湖北、湖南、广东、广西、海南、重庆、云南、河南	贵州

　　由 2005～2019 年中国省域能源强度空间集聚的变化趋势可以看出，这 15 年间，中国省域能源强度的空间变化特征是集聚与分异并存的，但是整体来看，中国省域能源强度是存在空间集聚特征的，并且存在显著的空间正相关关系。其中，所研究年份内呈现出空间正相关的省份的数量全部大于 22 个，表现为聚集特征的省份已经超过 73%，说明中国能源强度的时空集聚特征显著，通过对 15 个年份的分析结果也验证了全局空间相关性论断的正确性。具体类型区域的省份聚集特征如下：2005～2010 年这六年间，四个象限的 30 个省份的类型没有变化，其中 10 个省份为高—高（H-H）类型，4 个省份为低—高（L-H）类型，15 个省份为低—低（L-L）类型，1 个省份为高—低（H-L）类型；2013～2014 年 30 个省份类型没有发生变化，其中 9 个省份为高—高（H-H）类型，5 个省份为低—高（L-H）类型，15 个省份为低—低（L-L）类型，1 个省份为高—低（H-L）类型；2016～2018 年 30 个省份的类型没有发生变化，其中 8 个省份为高—高（H-H）类型，

5 个省份为低—高（L-H）类型，15 个省份为低—低（L-L）类型，
1 个省份为高—低（H-L）类型；在 2019 年，8 个省份为高—高（H-
H）类型，5 个省份为低—高（L-H）类型，16 个省份为低—低（L-
L）类型，1 个省份为高—低（H-L）类型。15 年间，有 24 个省份的
类型没有发生变化，其中 14 个省份为低—低（L-L）类型，3 个省份
为低—高（L-H）类型，7 个省份为高—高（H-H）类型；有 6 个省
份的类型有变化，分别是河北、吉林、黑龙江、河南、贵州、云南。对
中国 30 个省区的变化情况进行分析，可以发现：

（1）高—高集聚区（H-H）。

高—高集聚区（H-H）主要分布在中国西北地区和北部地区，主
要有新疆维吾尔自治区、甘肃省、山西省、宁夏回族自治区、辽宁省、
内蒙古自治区和青海省，这 7 个省份的能源强度相对较高，并且存在各
省份间在地理位置上相邻的情况，形成了空间集聚的高能源强度区。但
是随着时间的推移，中央政府以及地方政府逐渐认识到环境、能源协调
发展的重要性，由此高—高（H-H）集聚区的范围呈现出缩小的趋
势，省份的数量呈减少的趋势，在 2005~2010 年，高—高（H-H）集
聚区的省份数量为 10 个，分别为新疆、河北、山西、宁夏、内蒙古、
甘肃、吉林、青海、黑龙江和辽宁；2011 年，高—高（H-H）集聚区
的数量为 9 个，分别为新疆、河北、宁夏、山西、甘肃、内蒙古、青
海、辽宁和吉林，黑龙江能源强度降低，转变为低—高（L-H）型；
2012 年，高—高（H-H）集聚区的数量又恢复为 10 个，其余 9 省份
不变，黑龙江又由低—高（L-H）型转变为高—高（H-H）型；
2013~2014 年，黑龙江又发生变化，由第一象限高—高（H-H）型转变
为第二象限低—高（L-H）型，2015~2016 年，处于高—高（H-H）
型聚集区的省份有 8 个，分别为新疆、河北、甘肃、山西、青海、内蒙
古、宁夏和辽宁，吉林省由于能源强度降低，也由高—高（H-H）型集
聚区转变为低—高（L-H）型；2017 年，位于第一象限的河北省转变为
高—低（H-L）型；2018~2019 年，位于高—高聚集区的省份稳定在 8
个，分别是新疆、河北、宁夏、山西、甘肃、内蒙古、青海和辽宁。在

2005～2019 年这 15 年间，有 7 个省份一直位于第一象限高—高（H-H）集聚区，分别是山西、内蒙古、辽宁、甘肃、青海、宁夏、新疆。

（2）低—高集聚区（L-H）。

低—高（L-H）集聚区的省份主要分布在黑龙江、四川、北京、陕西和河南等中国的中部地区，中部地区能源强度低于西部和北部地区，是高—高（H-H）集聚的"被扩散"地区，受能源强度高地区的影响较小，具有相对稳定的低能源强度。低—高（L-H）集聚区的省份在 15 年间基本保持不变。在 2005～2010 年，低—高（L-H）集聚区的省份的数量有四个，分别为北京、河南、四川、陕西；在 2011 年，黑龙江省由高—高（H-H）集聚区转移到低—高（L-H）集聚区，低—高（L-H）集聚区的数量由 4 个增加到 5 个；2012 年，黑龙江能源强度升高，又转移回高—高（H-H）集聚区；2013～2014 年，由于黑龙江能源强度的降低，其又转变为低—高（L-H）集聚区；2015～2018 年，低—高（L-H）集聚区的省份增加到 6 个，东北的吉林省也由高—高（H-H）集聚区转移到低—高（L-H）集聚区；2019 年，北京、吉林、黑龙江、四川、陕西仍稳定在低—高（L-H）集聚区，而河南省由第二象限的低—高（L-H）集聚区转移至第三象限低—低（L-L）集聚区。在 2005～2019 年这 15 年间，有 3 个省份一直位于第二象限低—高（L-H）集聚区，分别是北京、四川、陕西。

（3）低—低集聚区（L-L）。

低—低集聚区（L-L）主要分布在我国的东部和南部沿海地区，主要包括上海市、浙江省、海南省、天津市、江苏省、安徽省、广西壮族自治区、山东省、江西省、湖南省、广东省、福建省、湖北省和重庆市，这 14 个省份能源强度所在区域能源强度低于其他地区，并且地理位置上相互邻近，形成了低—低能源强度的空间集聚特征，并且低能源强度会向周边地区蔓延，从而降低与之邻近省份的能源强度，形成辐射效果。低—低（L-L）集聚区的范围随着时间的推移在全国范围内呈现出逐渐增大的趋势，省份的数目也在不断增多。在 2005～2010 年，低—低（L-L）集聚区的省份数目为 15 个，分别为湖南省、广东省、天津市、广西壮族自治区、上海市、海南省、江苏省、福建省、浙江省、安徽省、江西省、山东省、湖北省、重庆市和贵州省；2011～2012年，低—低（L-L）集聚区的省份数量增加到 16 个，云南省受周边邻近省份低能源强度的影响由第四象限高—低（H-L）集聚区转移到第三象限低—低（L-L）集聚区；2013～2018 年，贵州省由第三象限转移至第四象限高—低（H-L）集聚区；2019 年，低—低（L-L）集聚区的省份数量达到最多，一共有 16 个省份处于第三象限低—低（L-L）集聚区，河南省由第二象限低—高（L-H）集聚区转变为第三象限低—低（L-L）集聚区，其余省份不变。在 2005～2019 年这 15 年间，有 14 个省份一直位于第三象限低—低（L-L）集聚区，分别是天津市、上海市、江苏省、浙江省、安徽省、福建省、江西省、山东省、湖北省、湖南省、广东省、广西壮族自治区、海南省、重庆市。

（4）高—低集聚区（H-L）。

高—低（H-L）集聚区主要分布在我国的贵州省、云南省，这两个省处于我国的西南地区，地形复杂，云南省与东南亚欠发达国家接壤，受周边地区和环境影响较大，该地区能源强度高于东南部各省区，是向低—低集聚的"被扩散"省份，受低能源强度地区的影响小，能源强度低的省份的经济行为活动会有限地扩散到这里，高能源强度比较稳定。在2005～2010 年，云南省一直处于第四象限高—低（H-L）集聚区；2011～2012年，云南省由高—低（H-L）集聚区转移到第三象限低—低（L-L）集聚区，第四象限高—低（H-L）集聚区的省份数量为 0；2013～2016 年，贵州省又从第三象限低—低（L-L）集聚区转移到高—低（H-L）集聚区；2017 年，高—低（H-L）集聚区的省份数量增加到 2 个，贵州省保持不变，河北省由第二象限低—高（L-H）集聚区转移到高—低（H-L）集聚区；2018～2019 年，河北省又回到第二象限低—高（L-H）集聚区，贵州省稳定在第四象限高—低（H-L）集聚区不变。

个别省份的空间集聚类型发生了迁移，2005～2019 年这 15 年间，发生过集聚区转移的一共有六个省份，分别是云南、河北、贵州、吉林、河南和黑龙江。河北省在 2017 年由第一象限高—高（H-H）集聚区转移到第四象限高—低（H－L）集聚区，在 2018 年又回到高—高（H－H）集聚区，并稳定在第一象限。吉林在 2015 年由高—高（H－H）集聚区转变为低—高（L－H）集聚区，之后稳定在第二象限。黑龙江在 2011 年由高—高（H－H）集聚区转变为低—高（L－H）集聚区，2012 年又回到第一象限高—高（H－H）集聚区，2013 年后，黑龙江又转变为低—高（L－H）集聚区，并稳定在第二象限。河南在 2019 年由低—高（L－H）集聚区转移至低—低（L－L）集聚区，并稳定在第三象限。贵州在 2013 年由低—低（L－L）集聚区转变为高—低（H－L）集聚区，并在之后稳定在第四象限。云南在 2011 年由高—低（H－L）集聚区转变为低—低（L－L）集聚区，并稳定在第三象限。

为了更加系统以及全面和准确地比较中国省域能源强度的空间集聚与空间异质特征，本书也计算了 2005 ~ 2019 年这 15 年间中国省域能源强度的局部莫兰指数（与全局 Moran 指数相同），并通过对各省份所分布的集聚区的变动分析，总结出如下规律：根据各省份能源强度的集聚与分散特征，Moran 散点图中四个象限对应的省区数量不断变化且最终趋于稳定，高能源强度省域集聚区与低能源强度省域集聚区趋于稳定；高—高（H－H）类型的省份数量呈现不断减少的趋势，最终形成北部与西北部的高—高（H－H）集聚区；低—低（L－L）类型的省份数量最多、范围最广且变化幅度较小，主要在东南沿海省区，受东南沿海低能源强度的影响，与其邻近的非沿海地区也加入低能源强度的区域，形成低—低（L－L）集聚区；而位于第二象限（L－H）类型的省域能源强度呈现空间负相关关系，这些省份的数量较少并且呈现逐渐减少的趋势，最终形成以黑龙江、四川、北京和四川、陕西为主的低—高（L－H）集聚区；高—低（H－L）类型省份的数量在四个象限中一直是最少的，最终只有贵州一省稳定在高—低（H－L）集聚区。

三、中国省域能源强度的时空集聚分析

由于 Moran 散点图只可以判断中国省域能源强度的局部空间相关特

征以及集聚区位置，但不能以统计学的角度说明其是否显著，具有统计学意义，所以，为了进一步确定所研究年份中国省域能源强度的空间集聚现象的变化，在本研究中，将重点考察显著性水平较高的（显著性水平为0.01）的局部空间集聚指标，并且在相关统计数据的基础上，运用 Geoda 软件，绘制出代表年份中国省域能源强度水平的 LISA 集聚图，如图 5 - 4 所示。

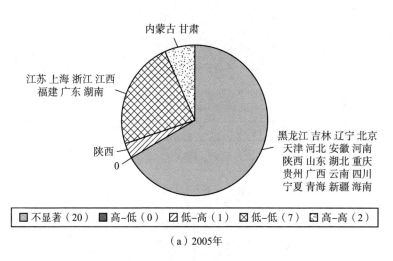

（a）2005年

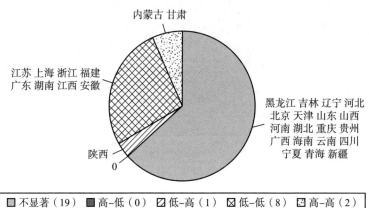

（b）2008年

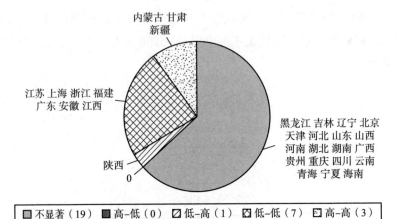

（c）2011年

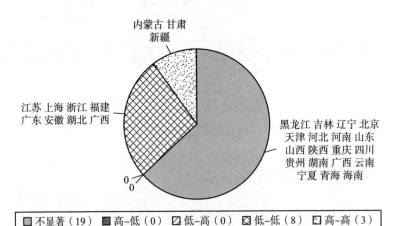

（d）2014年

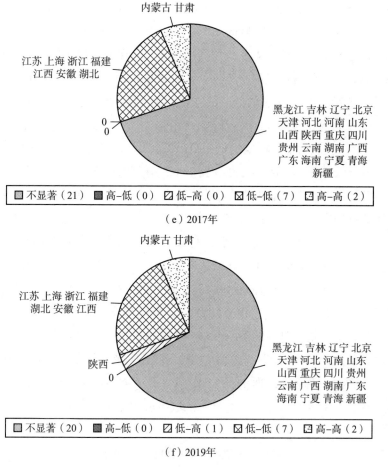

（e）2017年

（f）2019年

图5－4　代表年份中国省域能源强度的空间 LISA 集聚分布

　　将观测期间内6个代表年份的空间 LISA 集聚图结果汇总于表5－3。由表5－3可以发现，在显著性水平为0.01的情况下，代表年份中国省域能源强度的总体分布特征为：呈现不显著的省域范围最广、数量最多，主要分布在我的西南地区、中部地区和东北地区，包括山西、河南、辽宁、云南、四川、广西、贵州、山东、黑龙江、海南、青海、吉林、北京、宁夏和重庆。在2005年和2008年，显著的高—高（H－H）

类型省份主要集中在中国的北部和西北地区，呈现出小面积分布状态，包括内蒙古和甘肃；在随后的 2011 年和 2014 年中高—高（H-H）类型的省份增多，包括内蒙古、甘肃和新疆；但在随后的年份中，高—高（H-H）类型的省份又减少为 2 个，分别是内蒙古和甘肃，并且两省区相邻。在 2005 年，显著的低—低（L-L）类型的省份主要分布在东部和南沿海地区，包括湖南、江苏、江西、广东、福建、浙江和上海；2008 年，安徽也加入显著的低—低（L-L）类型省份的行列；2011 年，位于低—低类型的省份减少到 7 个，分别为江西、江苏、广东、福建、安徽、浙江和上海；2014 年，湖北加入，显著的低—低（L-L）类型的省份增加到 8 个；在 2017 年和 2019 年，显著的低—低（L-L）类型的省份为 7 个，包括江苏、上海、浙江、福建、安徽、湖北和江西，呈现大面积相邻分布。在所研究年份内，显著偏离全局空间正相关的高—低（H-L）类型的省域没有出现。低—高（L-H）类型的省份在 2005~2011 年和 2019 年有陕西，其余年份未出现低—高（L-H）类型的省份。随着时间的不断推移，各省份的类型基本固定，最终形成了以内蒙古、甘肃的高—高（H-H）类型区域，江苏、上海、浙江、福建、安徽、湖北、江西的低—低（L-L）类型区域，陕西的低—高（L-H）类型区域以及大量不显著区域组成的稳定分布的特点。

表 5-3　　　　　　主要年份中国省域能源强度 LISA 聚集表

年份	H-H	L-H	L-L	H-L
2005	内蒙古、甘肃	陕西	江苏、上海、浙江、福建、广东、江西、湖南	无
2008	内蒙古、甘肃	陕西	江苏、上海、浙江、福建、广东、江西、湖南、安徽	无
2011	内蒙古、甘肃、新疆	陕西	江苏、上海、浙江、福建、广东、江西、安徽	无
2014	内蒙古、甘肃、新疆	无	江苏、上海、浙江、福建、广东、江西、安徽、湖北	无

年份	H－H	L－H	L－L	H－L
2017	内蒙古、甘肃	无	江苏、上海、浙江、福建、安徽、湖北、江西	无
2019	内蒙古、甘肃	陕西	江苏、上海、浙江、福建、安徽、湖北、江西	无

通过以上分析可知，中国 30 个省份的能源强度存在明显的空间正相关性，表明中国各个省份之间的能源强度存在着高高集聚与低低集聚的特征。通过对代表年份中国的 Moran 散点图、Moran 省份分布表以及 Lisa 的集聚地图进行分析，可知中国省域能源强度存在局部空间自相关性，这个结果对于深入研究中国省域能源强度的分布特征具有重要的参考价值。具体来说，观测对象中能源强度较高的省份，其局部 Moran 指数也较高，并且呈现显著性，这些地区主要分布在中国的北部和西北地区，地理位置相对比较集中；而江苏、上海、浙江、福建、安徽、湖北和江西的能源强度存在较强的空间正相关性，这些省份自身和周边邻近区域的能源消费水平都比较低，而且这些省份的经济水平较高；能源强度低的省份被高能源强度省份所包围的区域属于低—高（L－H）类型，陕西就是这种类型的典型代表，这种现象的出现与当地的政府所采取的环境监管政策和经济政策有很大的关系。

四、中国省域能源强度的时空跃迁分析

对中国省域能源强度进行更深层次的分析采用时空跃迁测度法，通过时空跃迁矩阵的形式观察中国省域能源强度在不同时间段所发生的改变，从而进一步揭示中国省域能源强度的空间集聚特征。按照不同时段各类型所含省际数量的增减反映其时空跃迁的规律，将我国 30 个省份能源强度划分为以下四种类型：某一省份的相对跃迁为Ⅰ型；空间邻近省际的跃迁为Ⅱ型；某一省份及其邻近省份均发生跃迁为Ⅲ型；某一省

份及其邻近省份均不发生跃迁行为，保持稳定为Ⅳ型。如果属于第三种和第四种跃迁的观测省份数量较多，而属于第一种和第二种跃迁的观测省份数量较小，则说明观测省域能源强度的时空演进过程中具有较大程度的稳定性。在研究期间内，五个研究时段中国能源强度的时空跃迁具体情况讨论如表5-4所示：

表5-4　　2005~2008年中国30个省份能源强度的时空跃迁矩阵

跃迁类型	H-H	L-H	L-L	H-L
H-H	Ⅳ类型时空跃迁（河北、山西、内蒙古、辽宁、吉林、黑龙江、甘肃、青海、宁夏、新疆）	Ⅰ类型时空跃迁	Ⅲ类型时空跃迁	Ⅱ类型时空跃迁
L-H	Ⅰ类型时空跃迁	Ⅳ类型时空跃迁（北京、河南、四川、陕西）	Ⅱ类型时空跃迁	Ⅲ类型时空跃迁
L-L	Ⅲ类型时空跃迁	Ⅱ类型时空跃迁	Ⅳ类型时空跃迁（天津、上海、江苏、浙江、安徽、福建、江西、山东、湖北、湖南、广东、广西、海南、重庆、贵州）	Ⅰ类型时空跃迁
H-L	Ⅱ类型时空跃迁	Ⅲ类型时空跃迁	Ⅰ类型时空跃迁	Ⅳ类型时空跃迁（云南省）

在2005~2008年，中国30个省份的能源强度时空跃迁类型都没有发生改变，均属于第四种变迁形式（Ⅳ型），如表5-4所示，包括11个高能源强度省份、19个低能源强度省份，占据观测省份总数的100%，这样的结果表明，在2005~2008年，中国省域能源强度空间集聚趋势增强，省域能源强度的分布具有高度的空间锁定或路径依赖特征，其中吉林、云南、河北、甘肃、山西、宁夏、黑龙江、青海、内蒙古、新疆和辽宁为高能源强度省际，这些省际能源强度由于能源强度较高，会对我国整体能源强度的下降产生约束作用。而广东、北京、福

建、重庆、河南、江西、湖北、山东、海南、湖南、陕西、江苏、天津、浙江、上海、贵州、安徽、四川和广西为低能源强度省份，由于其自身能源强度低伴随着经济发展水平高会影响邻近省份能源强度的下降，有利于从整体上降低我国的能源强度。

2008～2011年，发生Ⅰ类型时空跃迁的省份为黑龙江和云南；发生Ⅳ类型空间跃迁的省份为新疆、北京、广东、河北、甘肃、天津、青海、四川、辽宁、陕西、安徽、吉林、广西、内蒙古、湖南、山西、重庆、宁夏、河南、湖北、上海、福建、浙江、山东、海南、江苏、江西和贵州，如表5-5所示。

表5-5　　2008～2011年中国30个省份能源强度的时空跃迁矩阵

跃迁类型	H–H	L–H	L–L	H–L
H–H	Ⅳ类型时空跃迁（河北、山西、内蒙古、辽宁、吉林、甘肃、青海、宁夏、新疆）	Ⅰ类型时空跃迁（黑龙江）	Ⅲ类型时空跃迁	Ⅱ类型时空跃迁
L–H	Ⅰ类型时空跃迁	Ⅳ类型时空跃迁（北京、河南、四川、陕西）	Ⅱ类型时空跃迁	Ⅲ类型时空跃迁
L–L	Ⅲ类型时空跃迁	Ⅱ类型时空跃迁	Ⅳ类型时空跃迁（天津、上海、江苏、浙江、安徽、福建、江西、山东、湖北、湖南、广东、广西、海南、重庆、贵州）	Ⅰ类型时空跃迁
H–L	Ⅱ类型时空跃迁	Ⅲ类型时空跃迁	Ⅰ类型时空跃迁（云南）	Ⅳ类型时空跃迁

总体来看，2008～2011年这三年属于Ⅲ、Ⅳ类型时空跃迁的省份共有28个，包括9个高能源强度省份，19个低能源强度省份，约占观测省份总数的93%。表明2008～2011年间中国30个省份能源强度的分布同样具有高度的空间相关和路径依赖特征，其中高能源强度的省份包

括新疆、河北、辽宁、甘肃、吉林、青海、黑龙江、宁夏和内蒙古，这些地区由于本身经济发展水平低或者重工业占比较高，造成能源结构与产业结构不合理，致使能源强度高，会制约我国整体能源强度的下降，造成环境污染和经济发展不平衡。属于第 I、II 种时空跃迁类型的共有黑龙江和云南两个省份，占观测省份总数的 7%，相关省份的能源强度跃迁特征将成为驱动我国能源强度空间格局变动的关键影响因素。

2011~2014 年，贵州表现为 I 类型时空跃迁；新疆、北京、广东、河北、甘肃、天津、青海、四川、辽宁、陕西、安徽、吉林、广西、内蒙古、湖南、山西、重庆、宁夏、河南、湖北、上海、福建、浙江、山东、海南、江苏、江西、黑龙江和云南表现为第 IV 类型时空跃迁，如表 5-6 所示。

表 5-6　　2011~2014 年中国 30 个省份能源强度的时空跃迁矩阵

跃迁类型	H-H	L-H	L-L	H-L
H-H	IV 类型时空跃迁（河北、山西、内蒙古、辽宁、吉林、甘肃、青海、宁夏、新疆）	I 类型时空跃迁	III 类型时空跃迁	II 类型时空跃迁
L-H	I 类型时空跃迁	IV 类型时空跃迁（北京、黑龙江、河南、四川、陕西）	II 类型时空跃迁	III 类型时空跃迁
L-L	III 类型时空跃迁	II 类型时空跃迁	IV 类型时空跃迁（天津、上海、江苏、浙江、安徽、福建、江西、山东、湖北、湖南、广东、广西、海南、重庆、云南）	I 类型时空跃迁（贵州）
H-L	II 类型时空跃迁	III 类型时空跃迁	I 类型时空跃迁	IV 类型时空跃迁

总体来说，2011~2014 年属于第 I、II 类型时空跃迁的省份只有

贵州省（GZ），约占观测省际总数的3%，相关省际的时空跃迁特征将成为驱动中国能源强度空间格局变动的关键因素。属于第Ⅲ、Ⅳ类型时空跃迁的省份共有27个，包括9个高能源强度省份，18个低能源强度省份，约占观测省份总数的97%，这样的结果表明，2011～2014年中国省域能源强度空间集聚趋势增强，省域能源强度的分布具有高度的空间相关或者路径依赖特征，高能源强度省份（河北、山西、内蒙古、辽宁、吉林、宁夏、青海、甘肃、新疆）能源强度如果不能采取措施使之下降，将会制约我国总体能源强度的下降。

2014～2017年，吉林表现为Ⅰ类型时空跃迁；河北表现为Ⅱ类型时空跃迁；新疆、北京、广东、甘肃、天津、青海、四川、辽宁、陕西、安徽、广西、内蒙古、湖南、山西、重庆、宁夏、河南、湖北、上海、福建、浙江、山东、海南、江苏、江西、黑龙江、云南和贵州表现为Ⅳ类型时空跃迁，如表5-7所示。

表5-7　　2014～2017年中国30个省份能源强度的时空跃迁矩阵

跃迁类型	H-H	L-H	L-L	H-L
H-H	Ⅳ类型时空跃迁（山西、内蒙古、辽宁、甘肃、青海、宁夏、新疆）	Ⅰ类型时空跃迁（吉林）	Ⅲ类型时空跃迁	Ⅱ类型时空跃迁（河北）
L-H	Ⅰ类型时空跃迁	Ⅳ类型时空跃迁（北京、黑龙江、河南、四川、陕西）	Ⅱ类型时空跃迁	Ⅲ类型时空跃迁
L-L	Ⅲ类型时空跃迁	Ⅱ类型时空跃迁	Ⅳ类型时空跃迁（天津、上海、江苏、浙江、安徽、福建、江西、山东、湖北、湖南、广东、广西、海南、重庆、云南）	Ⅰ类型时空跃迁
H-L	Ⅱ类型时空跃迁	Ⅲ类型时空跃迁	Ⅰ类型时空跃迁	Ⅳ类型时空跃迁（贵州）

依据表 5 - 7 内容进行分析，2014 ~ 2017 年，属于第 I、II 类型时空跃迁的省份有 2 个，分别是吉林和河北，约占观测省域总数的 6%，这两个省份的能源强度变动，但邻近省份没有跟随它一起发生跃迁。属于 III、IV 类型时空跃迁的省份有 28 个，其中包括 8 个高能源强度省份，20 个低能源强度省份，约占观测省份总数的 94%。这种结果表明，2014 ~ 2017 年，中国省域能源强度仍然存在着高度的空间集聚特征，呈现显著的空间正相关关系，一个省域能源强度的下降（上升）将会影响着邻近省域能源强度随之下降（上升），并且高能源强度省份（山西、内蒙古、辽宁、甘肃、青海、宁夏、新疆、贵州）能源强度的稳定性将制约中国能源强度的下降。

2017 ~ 2019 年，表现为 II 类型时空跃迁的省份为河南和河北；新疆、北京、广东、甘肃、天津、青海、四川、辽宁、陕西、安徽、广西、内蒙古、湖南、山西、重庆、宁夏、湖北、上海、福建、浙江、山东、海南、江苏、江西、黑龙江、云南、贵州和吉林表现为 IV 类型时空跃迁，如表 5 - 8 所示。

表 5 - 8　　2017 ~ 2019 年中国 30 个省份能源强度的时空跃迁矩阵

跃迁类型	H - H	L - H	L - L	H - L
H - H	IV 类型时空跃迁（山西、内蒙古、辽宁、甘肃、青海、宁夏、新疆）	I 类型时空跃迁	III 类型时空跃迁	II 类型时空跃迁
L - H	I 类型时空跃迁	IV 类型时空跃迁（北京、吉林、黑龙江、四川、陕西）	II 类型时空跃迁（河南）	III 类型时空跃迁
L - L	III 类型时空跃迁	II 类型时空跃迁	IV 类型时空跃迁（天津、上海、江苏、浙江、安徽、福建、江西、山东、湖北、湖南、广东、广西、海南、重庆、云南）	I 类型时空跃迁
H - L	II 类型时空跃迁（河北）	III 类型时空跃迁	I 类型时空跃迁	IV 类型时空跃迁（贵州）

总体来看，2017～2019 年属于Ⅲ、Ⅳ类型时空跃迁的共有 28 个省份，包括 8 个高能源强度省份，20 个低能源强度省份，约占观测省份总数的 96％，这个结果表明，2017～2019 年三年，中国 30 个省份能源强度呈现显著的空间集聚特征，大部分省份处于高—高集聚区和低—低集聚区域内，能源强度的分布具有极高的空间相关或路径依赖特征，其中需要集中精力降低高能源强度省份（山西、内蒙古、辽宁、甘肃、青海、宁夏、新疆、贵州）的能源强度，为中国整体节能减排事业作出贡献。河北和河南属于Ⅰ、Ⅱ类型时空跃迁，这两个省份能源强度的变动也会对中国能源强度的空间格局变化产生影响。整体上来看，中国各省份能源强度处于稳定的低能源强度水平。

第四节 本章小结

本章根据探索性时空分析（ESTDA）框架，采用空间自相关分析方法，对中国 30 个省份能源强度的空间集聚性、异质性及其跃迁状态进行空间数据分析，并且重点解析全局空间自相关及局部空间自相关两个指标；全局莫兰指数旨在确定中国省域能源强度在空间分布上是否具有显著的集聚或者随机现象，局部莫兰指数旨在确定在某个范围内中国部分省域能源强度的空间相关性或者空间异质性，进而利用 Geoda 软件绘制出代表年份中国省域能源强度的莫兰散点图以及 LISA 集聚分布地图，并深入分析在不同时间段内中国省域能源强度的时空跃迁矩阵，展现中国省域能源强度的空间变化趋势。研究发现：

（1）中国省域能源强度的全局空间自相关性存在着明显的阶段性分布特征。15 年间，中国省域能源强度的全局莫兰指数均为正值，表明研究年份内，中国省域能源强度存在显著的空间正相关性，但不同阶段程度不同。从 2005～2010 年，中国省域能源强度保持稳定水平；2011 年后略有下降，之后能源强度又保持在稳定水平，空间集聚现象有所增强，能源强度水平相近的省区将会进一步收敛。

（2）中国省域能源强度的局部空间自相关呈现空间集聚性与空间分异性并存的分布特征。依据时间间隔的均衡性以及全局莫兰指数分析中各阶段所处年份，采用 Geoda 绘制代表年份的莫兰散点图来分析中国省域能源强度是否存在空间集聚或者分异的空间分布特征。由散点图发现，30 个观测点在代表年份内大多数都落在第一象限（H–H）和第三象限（L–L），具有较强的稳定性，说明大多数省份在空间上具有较强的空间集聚特征，出现高—高集聚或者低—低集聚现象；与此同时，有一小部分观测点落在第二象限（L–H）和第四象限（H–L），说明这些省域能源强度存在空间分异特征，能源强度差异较大，出现了低—高集聚或者高—低集聚现象。并且，通过比较平面坐标内四个象限的观测点数量还发现，落在第三象限（L–L 类型）的省份数量最多，表明能源强度低值省份在地理位置上也与能源强度低值的省份相邻，这也是呈现空间正相关的主要表现，以此推断，中国省域能源强度总体上呈现下降趋势。

（3）中国省域能源强度的空间集聚特征显著，个别省份的空间集聚在不同时间阶段发生了跃迁现象。2005～2019 年，具有高—高集聚特征的省份数量在减少，低—低集聚特征的省份数量在不断增加，从时空跃迁矩阵分析，中国省域能源强度空间集聚现象不断增强，并且其空间分布趋势具有很强的空间相关和路径依赖特征。通过分析中国省域能源强度的空间集聚特征的变化趋势可以看出，在不同时间段内中国省域能源强度呈现空间正相关性（H–H 和 L–L）的省市数量全部大于 23 个，表现为聚集特征的省份已经超过 83%，说明中国能源强度的空间集聚特征显著，该结果也验证了全局空间相关性的分析。

第六章

基于空间收敛的中国省域能源强度影响因素研究

　　由第五章研究中国省域能源强度的空间分布特征可知，2005～2019年中国省域能源强度存在显著的空间集聚特征，但仍有少数能源强度较高的省份，与能源强度较低的省份差异较大，那么造成各省份间能源强度差异的影响因素是什么？可以通过哪些途径来提高能源利用效率，进而降低能源强度？中国省域能源强度是否存在空间溢出效应？这些影响能源强度的因素其影响机理以及作用程度如何？这些问题的解决都需要我们用收敛模型进行进一步研究，通过对我国省域能源强度收敛程度的研究，可以深入了解不同影响因素贡献程度及空间溢出效应演变趋势，并给出针对性的政策建议。由此，本章基于2005～2019年的面板数据，建立空间计量模型对中国省域能源强度进行空间收敛分析，并利用空间杜宾模型对中国省域能源强度的影响因素进行空间效应分解，明确了地区生产总值、能源结构、产业结构、城镇化水平、能源价格、外商直接投资和技术进步程度对省域能源强度的影响机理与路径，在此基础上，研究中国四大区域能源强度的影响因素，从而挖掘出影响省域能源强度降低的驱动因素，进而根据研究结论有针对性地制定差异化策略。

第一节　收敛概念与模型设定

收敛是指初始经济发展水平低的国家，发展速度会比经济发展初始水平较高的国家更快，因为初始经济发展水平较高的国家会出现边际效益递减规律，并最终导致各国的经济发展水平呈现稳态。收敛理论不仅适用于经济增长，也适用于人口、技术等其他要素的跨国或跨省份流动。收敛理论自开创后，在区域经济增长和能源利用等领域得到了广泛的运用。空间收敛模型主要包含 σ 收敛、β 收敛以及俱乐部收敛。其中，σ 收敛主要观察所研究指标在纵向上的标准差大小，如果标准差随着时间的推移是逐渐增大的，表示不存在 σ 收敛，相反，如果所研究指标在横截面上的标准差呈现随时间缩小的趋势，表示存在 σ 收敛。β 收敛分为绝对 β 收敛和条件 β 收敛两种。绝对 β 收敛认为经济发展初始水平较低的国家就应该比经济发展初始水平高的国家发展速度更快，是无条件的快速发展；而条件 β 收敛则认为每个国家或地区的经济发展都存在一个均衡水平，而影响这一均衡水平高低的影响因素有很多，经济发展初始水平低的国家或地区其均衡水平也越低，其发展速度比初始经济发展水平高的国家或地区要慢。鲍莫尔（Baumol，1986）在条件 β 收敛的基础上提出了"俱乐部收敛"的概念，经济发展初始水平不同的国家或地区由于其初始条件和各种影响因素的差异，会造成具有相似特性的国家或地区间形成俱乐部，并且这些在俱乐部中拥有相似特性的国家或地区会在经济发展速度上形成收敛。现如今，俱乐部收敛理论已经广泛应用于各种领域，俱乐部的形式也根据不同的发展水平或者地理区域不同进行划分。在本书后面的章节中，已经将中国各省份进行四大经济区域的划分，从而分析不同区域能源强度的影响因素，所以这里对俱乐部收敛理论不进行检验及说明。

一、σ收敛及模型检验

经济学中的 σ 收敛是指各个国家或者地区之间人均生产总值的离差会随着时间的推移而呈现逐渐缩小的趋势，一般情况下用标准差来衡量是否存在 σ 收敛倾向。具体到中国省域能源强度研究中，σ 收敛指中国各省域间能源强度的差异水平随着时间的推移而逐渐减小，计算出不同年份能源强度的标准差来代表能源强度在这 15 年的离散程度，进而验证中国省域能源强度是否存在 σ 收敛。

中国省域能源强度标准差 σ_t 的计算公式如式（6.1）所示：

$$\sigma_t = \left[\frac{\sum_{i=1}^{N} (IE_{it} - \overline{IE_t})^2}{N} \right]^{\frac{1}{2}} \tag{6.1}$$

其中，σ_t 表示 t 时刻中国省域能源强度的标准差，IE_{it} 表示第 i 个省份在 t 时刻的能源强度。$\overline{IE_t}$ 表示 t 时刻所有省份的平均能源强度，N 为省份数量。如果 $\sigma_{t+1} < \sigma_t$，说明省份间能源强度的差异呈现逐年缩小趋势，存在 σ 收敛。若 $\sigma_{t+1} > \sigma_t$，说明省份间能源强度的差异呈现发散趋势，不存在 σ 收敛。

二、绝对β收敛及模型检验

绝对 β 收敛，也称为无条件收敛，其经济含义指的是随着时间的不断推移，无论是贫国还是富国，它们的经济发展水平最终都会趋同于一种相同的稳态水平，这种理论所成立的假设条件非常严格，就是贫国与富国的储蓄率、技术水平等条件相同的情况下才可以出现绝对 β 收敛。因此，经济增长绝对 β 收敛模型为式（6.2）：

$$\pi_{i,t+T} = \alpha - \gamma \ln(y_{i,t}) + \mu_{i,t} \tag{6.2}$$

其中，$\pi_{i,t+T} = \ln(y_{i,t+T}/y_{i,t})/T$ 表示 t 到 t + T 时段的年均经济增长率。$y_{i,t}$ 表示第 i 个省份在 t 时期的人均生产总值。$\gamma = (1 - e^{-\delta T})/T$，δ

表示收敛率，$\mu_{i,t}$ 为残差值。系数 γ 的大小用来判断是否存在绝对 β 收敛。当系数 $\gamma > 0$ 并且显著时，说明在 t 到 $t + T$ 时段，贫穷国家或地区的人均生产总值增长速度快于富国的发展速度，存在绝对 β 收敛。如果系数 $\gamma < 0$，则说明贫穷国家或地区的人均生产总值的增长速度不会超过富国的增长速度，它们最终不会趋于稳态，因而不存在绝对 β 收敛。

有关中国省域能源强度的绝对 β 收敛是指，在给定的时间范围内，初始能源强度水平高的省份的能源强度降低速度会超过初始能源强度低的省份，并最终各省份能源强度趋于稳定状态，我国各省份能源强度的高低差异会消失。

借鉴经济增长绝对 β 收敛模型，建立能源使用效率（能源使用效率与能源强度互为倒数，能源使用效率越高，能源强度越低）的绝对 β 收敛模型，如式（6.3）所示：

$$\ln\left[\frac{1}{IE_{i,t}}\bigg/\frac{1}{IE_{i,t-1}}\right] = c - \gamma\ln\frac{1}{IE_{i,t-1}} + \eta_{i,t}^{\sigma} \tag{6.3}$$

其中，$\ln\left[\dfrac{1}{IE_{i,t}}\bigg/\dfrac{1}{IE_{i,t-1}}\right]$ 表示能源使用效率的增长率。$\gamma = (1 - e^{-\delta})$，$\delta$ 表示收敛率。c 表示截距项，$\eta_{i,t}$ 代表误差项。

整理式（6.3），可得式（6.4）：

$$\ln IE_{i,t} - \ln IE_{i,t-1} = -c - \gamma\ln IE_{i,t-1} - \eta_{i,t} \tag{6.4}$$

整理式（6.4）可得到有关能源强度降低的绝对 β 收敛模型为式（6.5）：

$$\ln\frac{IE_{i,t}}{IE_{i,t-1}} = \alpha + \beta\ln IE_{i,t-1} + \mu_{i,t} \tag{6.5}$$

其中，$\ln\dfrac{IE_{i,t}}{IE_{i,t-1}}$ 代表能源强度降低的比例，在此处需要注意的是，由于时间的不断推移，中央政府和地方政府逐渐认识到保护生态环境的重要性，进而不断实施节能减排措施来降低能源强度，所以能源强度是逐年下降的，数值的符号大多数情况下均为负值，其结果也是通过能源强度的下降趋势而不是增长趋势来识别的。$\alpha = -c$，$\beta = -\gamma$，$\mu_{i,t} = -\eta_{i,t}$。β 的正负决定着中国省域能源强度是否存在着绝对 β 收敛趋势。如果

β<0，那么就代表初始能源强度水平较高的省份能源强度降低率高于初始能源强度水平较低的省份，初始能源强度较高的省份会逐渐与初始能源强度较低的省份的能源强度趋于一致，说明中国省域能源强度存在绝对 β 收敛。若 β>0，说明初始能源强度水平较高的省份的能源强度降低率低于初始能源强度水平较低省份的能源强度降低率，并且初始能源强度较低省份会逐渐拉大与初始能源强度较高省份的能源强度的距离，说明不存在绝对 β 收敛。

三、条件 β 收敛及模型检验

根据上述分析，绝对 β 收敛是假设所有地区的初始条件是相同的，绝对 β 收敛不能很好地证明我国省域能源强度存在收敛现象，相对绝对 β 收敛来说，条件 β 收敛对于收敛问题更有说服力。

条件 β 收敛是指在一定外生变量的条件约束下，相同特征的国家或地区其增长路径也会相同，最终收敛于稳定状态。

在经济增长绝对 β 收敛模型（6.2）中引入影响经济增长的控制变量 $X_{i,t}^{j}$，即可得到经济增长的条件 β 收敛模型，如式（6.6）所示：

$$\pi_{i,t+1} = \alpha - \gamma \ln(y_{i,t}) + \sum_{j=1}^{n} \varphi_j X_{i,t}^{j} + \mu_{i,t} \qquad (6.6)$$

其中，n 表示一共有 n 个控制变量，这些变量都在不同程度上影响经济增长速度，$X_{i,t}^{j}$ 表示第 i 个国家或地区在 t 时段的第 j 个控制变量，φ_j 表示第 j 个控制变量的影响系数。用 γ 的正负号来表示是否存在条件 β 收敛。如果 γ>0，说明存在条件 β 收敛；如果 γ<0，说明不存在条件 β 收敛。

条件 β 收敛模型形式是在绝对 β 收敛模型的基础上加入外生控制变量，而能源强度的条件 β 收敛，是指中国省域能源强度的下降速度会受到各省份和区域初始能源强度水平、经济发展水平、产业结构、技术水平等多种方面的共同影响。不同省份的能源强度下降水平会朝着不同的稳态水平趋于收敛。

所以，在模型（6.5）的基础上，引入相关影响中国省域能源强度的控制变量后，即可得到省域能源强度降低的条件 β 收敛模型，如式（6.7）所示：

$$\ln \frac{IE_{i,t}}{IE_{i,t-1}} = \alpha + \beta \ln IE_{i,t-1} + \sum_{k=1}^{m} \rho_k X_{i,t}^k + \mu_{i,t} \qquad (6.7)$$

其中，m 表示一共存在 m 个控制变量，分别代表了影响中国省域能源强度的不同因素，$X_{i,t}^k$ 表示第 k 个控制变量，ρ_k 表示第 k 个控制变量的影响系数。用 β 的符号来判断中国省域能源强度是否存在条件 β 收敛。当 β < 0 时，说明中国省域能源强度存在条件 β 收敛；当 β > 0 时，说明能源强度不存在条件 β 收敛。

第二节　中国省域能源强度的 σ 收敛分析

根据 σ 收敛的计算公式（6.1）和中国 30 个省份能源强度数据计算出我国 2005～2019 年中国各省份能源强度标准差，并画出我国 30 个省份能源强度标准差系数的折线图，如图 6-1 所示。

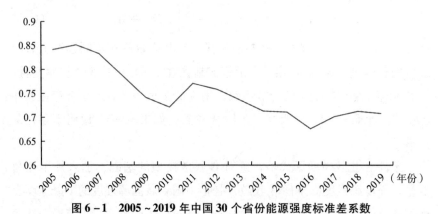

图 6-1　2005～2019 年中国 30 个省份能源强度标准差系数

数据来源：2005～2019 年《中国统计年鉴》《中国能源统计年鉴》的数据计算所得。

由图 6-1 可以直观地看到，中国各省份间能源强度的标准差虽然在某些年份会呈现出波动的变动趋势，但是整体上是呈现下降的趋势，表明中国省域能源强度存在一定的 σ 收敛现象。

由计算所得出的 $σ_t$ 可知，我国 30 个省份能源强度在 2005 年的标准差为 0.84，在 2005 年，全国各省份能源强度的平均值为 1.67 万吨标准煤/亿元，能源强度最高的省份是宁夏，能源强度最低的省份是北京。在 2006 年，中国 30 个省份能源强度标准差为 0.85，与 2005 年相比略有增高，宁夏依然是能源强度最高的省份，北京是能源强度最低的省份。2006～2010 年，中国能源强度标准差逐年下降，能源强度差异缩小，存在 σ 收敛。2010～2011 年，能源强度的标准差系数由 0.72 上升到 0.77，σ 系数逐渐变大，说明在此期间我国 30 个省份能源强度差异变大。在 2011 年之后，我国能源强度的标准差系数缓慢下降，σ 系数持续缩小，到 2016 年下降到 0.67，与 2005 年相比下降了 25%，各地区能源强度差异明显缩小，存在显著的 σ 收敛现象，出现能源强度标准差的下降趋势与我国产业结构调整与地区经济发展政策密不可分，越来越重视对生态环境的保护。在 2016 年之后，我国 30 个省份能源强度的标准差系数稍有提高，说明我国能源强度在这一时期存在一定的发散趋势。2018～2019 年，能源强度的标准差又由 0.72 下降至 0.70，表明这一时期能源强度系数变小。总体上来看，在 2005～2019 年，我国能源强度的标准差呈现波动下降的发展态势，从 2005 年的 0.84 下降到 2019 年的 0.70，下降幅度为 17%，说明中国 30 个省份间能源强度的离散程度最终会缩小，存在 σ 收敛。

总结发现，在全国 30 个省份不同时间段内存在不同的 σ 收敛状态，有的时间段收敛，有的时间段则呈现发散趋势。我国不同省份能源强度的差异性导致 σ 收敛与发散并存，导致这种变化的原因是多方面的，比如不同地区的能源结构特征和经济发展政策的变化等，但总体上来说，我国能源强度仍然存在 σ 收敛特征。

第三节　中国省域能源强度的绝对 β 收敛分析

一、绝对 β 收敛的模型设定

公式（6.5）的绝对 β 收敛公式是根据一般情况下关于能源强度收敛的普通计量方法所建立的，但是这个公式并没有充分考虑空间因素的重要性，忽视空间因素会造成收敛结果的不准确。并且，在第五章中，我们已由莫兰指数知道中国省域能源强度存在着显著的空间正相关性，具有空间集聚特征，所以公式（6.5）是基于普通计量方法构建的绝对 β 收敛模型，并没有把空间因素考虑进去，而事实上忽略空间因素会导致模型设定的偏差，并最终导致结果不准确。因此，根据绝对 β 收敛理论联合空间计量经济学理论将关于能源强度的绝对 β 收敛模型（6.5）引入空间计量模型，可以得到关于能源强度的空间滞后面板模型（SAR）、空间误差面板模型（SEM）和空间杜宾模型（SDM）。

绝对 β 收敛的空间滞后面板向量方程（SAR）为式（6.8）：

$$\ln \frac{IE_t}{IE_{t-1}} = \alpha I + \beta \ln IE_{t-1} + \lambda W \ln \frac{IE_t}{IE_{t-1}} + \mu_t \qquad (6.8)$$

式中，$\ln(IE_t / IE_{t-1})$ 为 $n \times 1$ 阶列向量，代表 n 个地区的能源强度降低率。I 为 $n \times 1$ 阶单位向量。β 用来检验省际能源强度是否存在绝对 β 收敛。如果 $\beta < 0$，表示中国省域能源强度存在绝对 β 收敛；$\beta > 0$，表示中国省域能源强度不存在绝对 β 收敛。λ为空间相关系数，W 为 $n \times n$ 阶空间权重矩阵。$W \ln(IE_t / IE_{t-1})$ 表示空间滞后因变量。

方程（6.8）具体到 i 地区可表示为式（6.9）：

$$\ln \frac{IE_{i,t}}{IE_{i,t-1}} = \alpha + \beta \ln IE_{i,t-1} + \lambda \sum_{i \neq j, j=1}^{n} W_{ij} \ln \frac{IE_{j,t}}{IE_{j,t-1}} + \mu_{i,t} \qquad (6.9)$$

式（6.9）表明，第 i 省份初始的能源强度水平不仅会影响该省份能源强度的降低速度，而且其邻近省份 j 能源强度的降低率也会影响 i 省份的能源强度的降低速度。

同理，将式（6.5）引入空间计量模型（3.11），可以得到关于中国省域能源强度的绝对 β 收敛的空间误差面板模型（SEM），如下式：

$$
\begin{cases}
\ln \dfrac{IE_{i,t}}{IE_{i,t-1}} = \alpha + \beta \ln IE_{i,t-1} + \mu_{i,t} \\
\varepsilon_{it} = \rho W \varepsilon_t + \mu_{it}
\end{cases}
\tag{6.10}
$$

其中，ε_t、μ_t 均为 $n \times 1$ 阶列向量。μ_t 代表 n 个地区的随机误差项。ε_{it} 为 ε_t 的第 i 个元素。模型（6.10）表示，邻近省份受到误差冲击后会对第 i 个省份的能源强度的降低速度产生影响。

同理，将式（6.5）引入空间计量模型（3.12），可以得到关于中国省域能源强度绝对 β 收敛的空间杜宾模型（SDM），如式（6.11）所示：

$$
\ln \frac{IE_t}{IE_{t-1}} = \alpha I + \beta \ln IE_{t-1} + \lambda W \ln \frac{IE_t}{IE_{t-1}} + \theta W \ln IE_t + \mu_t
\tag{6.11}
$$

其中，θ 为解释变量的空间自回归系数，即被解释变量的空间滞后项。

二、绝对 β 收敛的检验与结果分析

首先，利用 Stata 软件对中国 30 个省份 2005～2019 年的能源强度的绝对 β 收敛进行 LR 检验，以此来选择有关与绝对 β 收敛所适用的空间计量模型。对 SAR 和 SDM 进行检验，若 p 值小于 0.1，则选择 SDM 模型；若 p 值大于 0.1，则选择 SAR 模型。同理，在对 SEM 和 SDM 进行检验时，若 p 值小于 0.1，则选择 SDM 模型；若 p 值大于 0.1，则选择 SEM 模型。检验结果如表 6 - 1 所示。

表 6 - 1 从 LR 检验结果可以看到，二者 p 值都小于 0.1，所以绝对 β 收敛下的空间计量模型应该选择空间杜宾模型（SDM）进行回归分析。

表 6 - 1　　　　　　　　　　絶対 β 收敛的 LR 检验结果

检验选项	统计量	P 值
SAR 和 SDM	118.08	0.0000
SEM 和 SDM	102.82	0.0000

其次，使用 Hausman 检验来选择固定效应或者随机效应的空间杜宾模型，若 p 值大于 0.1，则选择随机效应；若 p 值小于 0.1，那么选择固定效应的空间杜宾模型。结果如表 6 - 2 所示。

表 6 - 2　　　　　　　　　絶対 β 收敛的 Hausman 检验结果

检验选项	统计量	P 值
chi2 (8)	11.20	0.0025

从表 6 - 2 中 Hausman 检验的结果可以看到，p 值 < 0.1，绝对 β 收敛应该选择固定效应的空间杜宾模型（SDM）。

最后，根据模型（6.9）、模型（6.10）、模型（6.11），运用 Stata 软件对 2005 ~ 2019 年中国 30 个省份（西藏由于数据缺失，不包括在内）的能源强度运用三种模型进行绝对 β 收敛估计，结果如表 6 - 3 所示。

表 6 - 3　　　　2005 ~ 2019 年 SAR、SEM、SDM 的绝对 β 收敛的回归结果

变量	SAR lny	SEM lny	SDM lny
Main			
$\ln IE_{t-1}$	- 0.0177 * (- 1.88)	- 0.1071 ** (- 2.54)	- 0.2410 *** (- 11.63)
Wx			
$\ln IE_{t-1}$			0.2486 *** (11.69)

续表

变量	SAR lny	SEM lny	SDM lny
Spatial rho \ lambda	0. 3106 *** （5. 57）	0. 5517 *** （5. 17）	0. 3892 *** （7. 73）
Variance sigma2_e	0. 0006 *** （14. 86）	0. 0005 *** （12. 99）	0. 0004 *** （14. 80）
R^2	0. 0129	0. 0106	0. 0005
log-likelihood	1033. 9961	1041. 6279	1093. 0368
N	450	450	450

注：表中 *** 、 ** 、 * 分别代表在 1% 水平、5% 水平和 10% 水平上显著。

资料来源：2005 ~ 2019 年《中国统计年鉴》《中国能源统计年鉴》和各省统计年鉴数据整理计算得出。

以上三个模型分别是固定效应下的 SAR 模型、SEM 模型和 SDM 模型，其被解释变量均是 lny（lny = ln($IE_{i,t}$ / $IE_{i,t-1}$) 代表能源强度的降低率，其中 $IE_{i,t}$ 为当期的能源强度， $IE_{i,t-1}$ 为滞后一期的能源强度）。在回归结果表 6 - 3 中，星号*代表显著性，*为一般显著（P 值小于 0. 1），** 为比较显著（P 值小于 0. 05）， *** 为非常显著（P 值小于 0. 01）；星号前面的数字是回归系数，下面是 t 值；Spatial rho 和 lambda 是空间相关性系数，代表空间溢出效应；N 代表样本数；R^2 代表模型的拟合优度，即自变量对因变量的解释力度。需要说明的是，由于各变量的数值范围差异较大，为了避免异方差的存在导致的估计误差，对所有变量均做了对数化处理。通过结果可以看出，空间杜宾模型的对数似然函数值 Log-likelihood 在三种模型当中最高，说明空间杜宾模型可以更加准确地判断模型的结果，提升了科学性与真实性。

在表 6 - 3 中 SDM 检验结果可以看出，β 的值为 - 0. 2410，且通过了 1% 的显著性检验，说明中国省域能源强度在 2005 ~ 2019 年存在显著的绝对 β 收敛，能源强度与本地区能源强度降低率呈现显著的负相关关系，即如果一个地区前期的能源强度较高，那么其能源强度下降的速度会超过前期能源强度较低的地区。Wx 表示邻近地区自变量对本地区因变量的影响，在表 6 - 3 中可以看出，WlnIE 的系数为 0.2486，并且通过了 1% 的显著性检验，说明邻近地区能源强度与本地区能源强度的降低率呈显著的正相关关系，即邻近地区能源强度的降低会使本地区能源强度降低的速度更快。原因在于邻近地区的经济政策以及产业结构的改变会使邻近地区能源强度降低，本地区受到影响也会使能源强度降低的速度加快。空间相关性系数 Spatial rho 为 0.3892，并且通过了 1% 的显著性检验，说明中国能源强度在 2005 ~ 2019 年，一个地区的能源强度与相邻地区之间以及整个范围内的能源强度变化情况存在显著的正相关关系。

在对空间杜宾模型绝对 β 收敛进行回归的结果上，进一步对空间效应进行分解，分解结果如表 6 - 4 所示。

表 6 - 4 　　　　　　　　　　绝对 β 收敛的空间分解结果

变量	直接效应 lny	间接效应 lny	总效应 lny
lnIE	-0.2241^{***} (-11.41)	0.2352^{***} (11.45)	0.0111 (0.93)

注：表中 ***、**、* 分别代表在 1% 水平、5% 水平和 10% 水平上显著。

资料来源：2005 ~ 2019 年《中国统计年鉴》《中国能源统计年鉴》和各省统计年鉴数据整理计算得出。

在空间效应分解结果中，直接效应表示本地区自变量对本地区因变量的影响，间接效应表示本地区自变量对邻近地区因变量的影响，总效应则表示本地区自变量对总体上因变量的影响。

具体而言，直接效应的系数为 - 0.2241，并且通过 1% 的显著性检验，说明本地区能源强度对本地区能源强度的降低率呈现负相关关系，而间接效应的系数为 0.2352，也通过了 1% 的显著性检验，说明相邻地区能源强度与本地区能源强度降低率呈现正相关关系，总效应的系数是 0.0111，但不显著，说明本地区能源强度对整个中国能源强度的降低率关系不显著。

综上所述，在关于中国 30 个省份能源强度的绝对 β 收敛研究中，选用固定效应的空间杜宾模型（SDM）进行回归分析更加适合本书要分析的问题。在研究中发现，一个地区能源强度与相邻地区之间以及整个系统内的能源强度变化情况存在正相关关系，但是与相邻地区的能源强度的变化的正相关呈现明显显著性，与整个 30 个省份的能源强度的正相关关系不显著。

第四节　中国省域能源强度影响因素的机理分析

中央政府及地方政府应该认识到降低能源强度对维持生态系统平衡与经济可持续发展的重要性，通过实施切实有效的措施来合理降低中国省域能源强度，这也将是今后一段时间国家及各级政府关注的重点问题。正确认识与分析影响能源强度降低的因素对我国节能减排政策的实施和顺利达成碳达峰、碳中和目标都有着重要的现实意义。目前，研究能源强度的降低已成为国内外学者研究的热点，但是由于数据使用的差距与选择方法的不同，并且研究的侧重点也有着国家或者地域差异，所以得到的结论也是千差万别。在研究的方法上，大多数文献都是从时间序列入手或者只考虑横截面数据进行计量分析，并没有深入研究能源强度在空间地理位置上的作用关系，进而忽视这种溢出效应造成估计的偏差。所以，本章利用相关文献并结合空间杜宾模型，筛选出影响中国省域能源强度的影响因素，主要包括技术进步程度、地区生产总值、产业结构、外商直接投资、能源结构、城镇化水平和能源价格。各个控制变量解释如下。

一、技术进步程度（R&D）

提高技术水平有利于能源利用效率的提升，并且在极大程度上促进节能减排政策的推进，有利于生态环境的改善，进而降低能源强度。现有文献大多数采用研发经费占生产总值的比重或者全要素生产率等指标来度量技术进步程度。而 R&D 仅代表科研投入研发水平，全要素生产率具有较强的主观性，二者都不能准确刻画实际的技术产出成果，在此基于数据的可得性，本章选择采用每万人专利申请授权数来反映这一变量。技术水平的进步可以有效优化产业结构，减少第二产业即工业尤其是重工业所占比重，进而使能源消费总量得到减少，经济发展的同时，降低了能源强度。总体来说，技术进步要分为两个方式：一种方式是，技术进步的同时也会提高生产要素更新换代的能力，并且可以促使产业结构得到优化升级，在经济发展与生态环境可持续发展的条件下，实现资源的优化配置并进一步提高循环利用程度；另一种方式是，技术进步中也包含着清洁能源的利用，使用新型能源可以有效降低生产和生活成本，减少二氧化碳的排放量，所以需要增加清洁能源所占比重，使能源效率得到切实有效的提升。

二、地区生产总值（GDP）

反映了一个国家（或地区）经济水平的最直接因素，同时也是影响能源强度的最主要因素。中国地大物博、各地区资源禀赋差异很大。在中国东部沿海地区经济最为发达，同时其能源强度在中国也是最低的，能源利用效率最高。而地理位置在中国西北部的地区属于欠发达地区，经济发展落后，能源利用效率低，能源强度最高。由此可以分析出中国各省份能源强度与其经济发展水平（即地区生产总值）有着紧密的联系。

三、产业结构（SEN）

产业结构是否合理影响着能源消费总量的高低，对能源强度的降低有着重要的影响。在我国的三次产业分类中，农业与服务业所消费能源量较低，第二产业相对于第一、第三产业来说能源消费量大，产生的污染多，而能源利用效率较低，进而导致第二产业能源强度较高。当前以及今后的一段时间，优化我国产业结构仍然是国家的重要战略方向，分析产业结构尤其是第二产业比重的变化对我国省域能源强度的影响程度有着至关重要的作用，因此，本章利用第二产业的产值占地区生产总值比重作为指标衡量中国省域能源强度的变化。

四、外商直接投资（FDI）

伴随着国家的发展壮大与全球一体化浪潮的不断推进，中国在这一过程中不断扩大外资规模，加强外商直接投资力度，外资水平的高低对我国环境问题产生了一定的影响，与此同时也加速了中国经济的一体化与可持续进程。外商直接投资体现在资金的扩大、技术的引进和先进管理经验的学习。国外先进技术和优质产品进入国内市场，会提高本国企业的市场竞争能力，同时也会致使本国企业的利润受到影响。考虑目前国家对节能减排的重视程度，外商直接投资可以促进资源的高效合理利用，提高能源利用效率；同时外商直接投资所带来的高标准、高排污标准的技术与产品也会令国内高污染、高排放的产品逐步淘汰，因为外商直接投资的资金会优先选择低污染、高效率的企业进行投资以降低能源消费量进而促进能源强度的降低。

五、能源结构（MT）

能源可以分为化石能源与非化石能源，化石能源中占比重最高的就是煤炭，非化石能源是指国家大力发展的新能源与可再生能源，包括风能、太阳能、地热能等。这些非化石能源在燃烧的过程中对环境污染较小，而煤炭作为化石能源，在燃烧的过程中产生了大量的二氧化碳，严重污染了生态环境，并且煤炭消费量所占比重在近年来我国能源消费结构中一直维持在60%左右，致使我国能源利用效率低下，因此本章选择煤炭消费量占能源消费量的比重这一指标，能够更好地反映能源消费结构对能源强度的影响。

六、城镇化水平（UL）

城镇化水平是反映一个国家或地区进入现代化程度的重要标志，也代表着一个国家或地区的人口素质的高低与经济发展的水平。但是，在城镇化快速发展的同时，大量农村人口涌入城市，会引起基础设施建设的需求增加，进而消耗更多的能源资源，因此本章选择城镇人口占总人口的比重这一指标来反映各个省份的城镇化水平。

七、能源价格（P）

能源价格可以通过两个方面影响能源强度：一是能源价格的升高会引起其替代品需求的增加，例如煤炭价格升高，有煤炭需求的厂商会进而去寻求使用天然气或石油等其他清洁能源或者可再生能源来替代煤炭，致使能源强度降低；二是能源价格升高，厂商会寻求能源之外的如资本、劳动力等要素替代对能源的需求，从而减少对能源的利用，也可以以此降低能源强度。

根据上述有关能源强度影响因素的机理分析，初步选用如下解释变量作为省域能源强度条件 β 收敛模型的解释变量。具体解释见表6–5。

表6–5　　　　　　　　能源强度条件 β 收敛的变量说明

变量	变量名	变量说明	单位
IE	能源强度	单位生产总值能源消耗量	吨标准煤/万元
R&D	技术进步程度	每万人专利授权量	项
GDP	生产总值	以2005年为基期折算的生产总值	万元
SEN	产业结构	第二产业产值占 GDP 比重	%
FDI	外商直接投资	外商直接投资占 GDP 比重（FDI 以当年美元换算）	%
MT	能源结构	煤炭总量占能源消费总量比重	%

变量	变量名	变量说明	单位
UL	城镇化水平	城镇人口占总人口比重	%
P	能源价格	上年同比燃料价格指数	%

本书采用 2005 ~ 2019 年中国 30 个省份的相关数据进行分析（西藏由于数据不全，不包括在内）。数据均来自 2005 ~ 2019 年《中国统计年鉴》、中国各省份统计年鉴和中国能源统计年鉴。数据已做对数化处理。

第五节　中国省域能源强度影响因素的空间计量分析

一、模型设定

与绝对 β 收敛的原因一样，我们根据收敛理论以及空间计量经济理论将能源强度降低的条件 β 收敛一般模型（6.7）引入空间计量模型，可以得到关于能源强度的空间滞后面板模型（SAR）、空间误差面板模型（SEM）和空间杜宾模型（SDM）。

条件 β 收敛的空间滞后面板模型 SAR 为式（6.12）：

$$\ln(\mathrm{IE}_t/\mathrm{IE}_{t-1}) = \alpha + \beta\ln\mathrm{IE}_{t-1} + \lambda W\ln(\mathrm{IE}_t/\mathrm{IE}_{t-1}) + \rho_1 \mathrm{R\&D}_{i,t} + \rho_2 \mathrm{GDP}_{i,t} +$$
$$\rho_3 \mathrm{SEN}_{i,t} + \rho_4 \mathrm{FDI}_{i,t} + \rho_5 \mathrm{MT}_{i,t} + \rho_6 \mathrm{UL}_{i,t} + \rho_7 P_{i,t} + \mu_t \quad (6.12)$$

具体到第 i 个地区，表达式如式（6.13）所示：

$$\ln(\mathrm{IE}_{i,t}/\mathrm{IE}_{i,t-1}) = \alpha + \beta\ln\mathrm{IE}_{t-1} + \lambda \sum_{i\neq j, j=1}^{n} W_{ij}\ln(\mathrm{IE}_{j,t}/\mathrm{IE}_{j,t-1}) +$$
$$\rho_1 \mathrm{R\&D}_{i,t} + \rho_2 \mathrm{GDP}_{i,t} + \rho_3 \mathrm{SEN}_{i,t} + \rho_4 \mathrm{FDI}_{i,t} + \rho_5 \mathrm{MT}_{i,t} +$$
$$\rho_6 \mathrm{UL}_{i,t} + \rho_7 P_{i,t} + \mu_{i,t} \quad (6.13)$$

条件 β 收敛空间误差面板模型 SEM 表达式为式（6.14）：

$$\ln(\mathrm{IE}_t/\mathrm{IE}_{t-1}) = \alpha + \beta\ln\mathrm{IE}_{t-1} + \lambda W\ln(\mathrm{IE}_t/\mathrm{IE}_{t-1}) + \rho_1 \mathrm{R\&D}_{i,t} + \rho_2 \mathrm{GDP}_{i,t} +$$

$$\rho_3 SEN_{i,t} + \rho_4 FDI_{i,t} + \rho_5 MT_{i,t} + \rho_6 UL_{i,t} + \rho_7 P_{i,t} + \varepsilon_{i,t}$$

$$\varepsilon_{i,t} = \rho W \varepsilon_t + \mu_{i,t} \qquad (6.14)$$

条件 β 收敛的空间杜宾模型 SDM 表达式为式（6.15）：

$$\ln \frac{IE_t}{IE_{t-1}} = \alpha + \beta \ln IE_{t-1} + \lambda W \ln \frac{IE_t}{IE_{t-1}} + \rho_1 R\&D_{i,t} + \rho_2 GDP_{i,t} +$$

$$\rho_3 SEN_{i,t} + \rho_4 FDI_{i,t} + \rho_5 MT_{i,t} + \rho_6 UL_{i,t} + \rho_7 P_{i,t} +$$

$$\theta W \ln IE_t + \mu_t \qquad (6.15)$$

其中，R&D、GDP、SEN、FDI、MT、UL 和 P 分别表示技术进步程度、地区生产总值、第二产业比重、外商直接投资比重、能源结构、城镇化水平和能源价格。

二、结果分析

本章利用 stata 软件对中国 30 个省份 2005~2019 年能源强度的影响因素进行相关性检验，发现所有解释变量的方差膨胀因子（VIF）值均小于 10，并且其均值也小于 10，所以表明变量之间不存在多重共线性，可以综合考察技术进步程度、地区生产总值、产业结构、外商直接投资、能源结构、城镇化水平和能源价格这 7 个因素对能源强度的影响程度。具体见表 6－6。

表 6－6　　　　　　　　能源强度影响因素的共线性检验结果

变量	VIF	1/VIF
lnR&D	5.510	0.182
lnIE	3.791	0.264
lnUL	3.790	0.264
lnGDP	3.452	0.290
lnMT	2.030	0.493
lnSEN	1.609	0.622
lnFDI	1.469	0.681

续表

变量	VIF	1/VIF
lnP	1.043	0.958
Mean VIF	2.837	0

与绝对 β 收敛的步骤一致，使用 LR 检验来选择合适的空间计量模型，首先对 SAR 和 SDM 进行检验，p 值为 0.0000，p 值小于 0.1，所以选择 SDM 模型；同理，对 SEM 和 SDM 模型进行检验，p 值为 0.0000。从 LR 检验结果可以看到，条件 β 收敛下的空间计量模型应该选择空间杜宾模型 SDM 进行回归分析。再使用 Hausman 检验来选择固定效应或随机效应的空间杜宾模型，经检验后，p 值小于 0.1，所以条件 β 收敛应选择固定效应的空间杜宾模型 SDM。

利用条件 β 收敛检验模型，运用 Stata 对 2005 ~ 2019 年中国 30 个省份能源强度进行条件 β 收敛估计，结果如表 6 - 7 所示。

表 6 - 7　　　　　SAR、SEM 和 SDM 的条件 β 收敛的回归结果

变量	SAR lny	SEM lny	SDM lny
Main			
$lnIE_{t-1}$	- 0.2233 *** (- 11.05)	- 0.2625 *** (- 12.22)	- 0.2806 *** (- 13.33)
lnR&D	- 0.0073 *** (- 1.36)	- 0.0072 *** (1.25)	- 0.0051 *** (- 0.86)
lnGDP	- 0.0390 *** (- 3.79)	- 0.0488 *** (- 4.42)	- 0.0243 *** (- 1.07)
lnSEN	0.0004 (0.02)	0.0064 ** (0.31)	0.0338 *** (1.55)
lnMT	0.0775 *** (3.28)	0.0930 *** (3.89)	0.1095 *** (4.68)
lnUL	0.3785 *** (5.60)	0.3882 *** (5.83)	0.3117 *** (4.49)

续表

变量	SAR lny	SEM lny	SDM lny
lnP	0. 0147 * (1. 88)	0. 0085 (1. 01)	− 0. 0010 (− 0. 12)
lnFDI	− 0. 0107 (− 0. 16)	− 0. 0506 (− 0. 81)	− 0. 0849 * (− 1. 31)
Wx			
$lnIE_{t-1}$			− 0. 3337 *** (− 7. 62)
lnR&D			− 0. 0012 *** (− 0. 14)
lnGDP			− 0. 0084 (− 0. 32)
lnSEN			0. 0358 *** (0. 90)
lnMT			0. 1408 *** (2. 77)
lnUL			0. 5977 *** (4. 08)
lnP			0. 0250 * (1. 79)
lnFDI			− 0. 1060 (− 0. 88)
Spatial rho \ lambda	0. 2457 *** (4. 49)	0. 4025 *** (7. 00)	0. 3850 *** (7. 01)
Variance sigma2_e	0. 0004 *** (14. 92)	0. 0004 *** (14. 72)	0. 0004 *** (14. 77)
R^2	0. 0030	0. 0044	0. 0099
log-likelihood	1095. 6273	1106. 9519	1127. 7949
N	450	450	450

注：表中 ***、**、* 分别代表在1%水平、5%水平和10%水平上显著。

资料来源：2005～2019 年《中国统计年鉴》《中国能源统计年鉴》和各省统计年鉴数据整理计算得出。

固定效应的面板回归模型增加了滞后因素对能源强度的影响具体分析如下，在空间杜宾模型的回归结果中可以看到，$\ln IE_{t-1}$ 的系数为 -0.2806 并且通过 1% 的显著性检验，说明中国 30 个省份 2005~2019 年能源强度存在条件 β 收敛，另外，$W \ln IE_{t-1}$ 的系数为 -0.3337，且通过了 1% 的显著性检验，说明相邻地区的能源强度水平也对区域的收敛特性产生了显著的促进作用。在其他的控制变量及其滞后项中，有 5 个滞后项存在显著影响。能源价格这一项没有通过显著性检验，但是相邻地区能源价格对本地区能源强度的影响通过了 10% 的显著性检验，并且为正向关系，说明相邻地区能源价格的提高会增加本地区能源强度。这是由于能源消费主要集中于工业部门，而其中大部分能源又被消耗在了高产能工业和产业链上游的行业部门中，因而具有较强的成本转移能力和议价能力，可以通过成本转移部分甚至全部稀释掉能源价格上升所导致的成本增加，所以能源价格的提高并不能有效促进能源强度的降低，而且相邻地区能源价格的升高还会导致本地区能源强度的相应提高。产业结构、能源结构和城镇化水平的系数为正，并且均通过了 1% 的显著性检验，说明这些因素与本地能源强度呈正相关关系。而生产总值和技术进步水平的系数均为负值，且通过了 1% 的显著性检验，表明本地生产总值和技术进步水平与能源强度呈负相关关系；外商直接投资的系数为负数，通过 10% 的显著性检验，说明外商投资水平对能源强度表现为负向作用。

从滞后项来分析，GDP 系数与外商直接投资系数均没有通过显著性检验。而只有技术进步和能源结构的系数为负值，并且通过了 1% 的显著性检验，说明邻近地区技术进步水平和煤炭消费量占比与本地区能源强度呈现负相关关系，相邻地区煤炭消费量越大，受其影响本地区能源强度越低。产业结构、城镇化水平和能源价格的系数均为正，且通过了显著性检验，说明邻近地区的这些因素的变化对本地区能源强度有显著的促进作用。

考虑空间面板杜宾模型中能源强度滞后项的反馈效应，按照各个影响因素的作用情况，可以将模型进行分解，分为直接效应和间接效应。

如表 6 - 8 所示。

表 6 - 8　　　　　　　　空间杜宾模型的空间效应分解结果

变量	直接效应 lny	间接效应 lny	总效应 lny
lnIE	- 0.2559 *** (- 12.35)	0.3442 *** (5.74)	0.0883 (1.38)
lnR&D	- 0.0046 *** (- 0.93)	0.0010 (0.09)	- 0.0056 *** (- 0.44)
lnGDP	- 0.0222 *** (- 0.95)	- 0.0011 *** (- 0.03)	- 0.0233 *** (- 0.83)
lnSEN	0.0379 *** (1.60)	0.0792 *** (1.22)	0.1171 * (1.68)
lnMT	0.0944 *** (3.61)	- 0.1505 * (- 1.92)	- 0.0562 (- 0.70)
lnUL	0.2576 *** (3.81)	0.7197 *** (3.07)	0.9773 * (1.84)
lnP	0.0019 (0.24)	0.0383 * (1.89)	0.0403 * (1.93)
lnFDI	- 0.0867 *** (- 1.34)	- 0.1136 *** (- 1.28)	- 0.2003 (- 0.11)

注：表中 *** 、 ** 、 * 分别代表在 1% 水平、5% 水平和 10% 水平上显著。

资料来源：2005 ~ 2019 年《中国统计年鉴》《中国能源统计年鉴》和各省统计年鉴数据整理计算得出。

　　表 6 - 8 显示了使用极大似然法计算的直接效应、间接效应和总效应的估计结果，在图中可以看出，技术进步水平的直接效应的系数为 - 0.0046，并且通过了 1% 的显著性检验，说明技术进步水平对本地区能源强度的降低具有正向的促进作用，对相邻地区能源强度存在负向的抑制作用，但是结果不显著。技术进步的总效应为负，并且通过了 1% 的显著性水平。提高技术创新水平可以带来产业结构的优化升级，

并且可以将单纯依靠提高生产率进行经济发展改善为全要素生产率的提高，进而实现能源利用效率的提升，促进能源强度的降低，总体来说，技术进步水平的提升对能源强度的影响分为两个方面：一方面，随着经济的不断发展，技术进步可以实现产业结构转型升级，发挥生产要素的替代作用，进而实现资源的优化配置和提高循环利用程度，因此技术进步可以通过降低单位产出对能源的消耗水平来降低能源强度；另一方面，技术中包括清洁能源的技术，技术进步也包含清洁能源技术的创新，通过清洁能源技术的创新以减少生产成本和利用成本，加大对清洁能源的使用，从而使能源强度得到显著降低。

生产总值对本地区、相邻地区和总体能源强度有着显著的抑制作用。生产总值直接效应、间接效应和总效应的系数为负，并且均通过了1%的显著性水平，说明经济水平的提高一定程度上可以降低总体上的能源强度水平，并对邻近区域的能源发展带来积极影响。生产总值对邻近地区有明显的空间溢出效应。

产业结构即第二产业占比，产业结构对本地区以及邻近地区能源强度均有显著的正向作用，总效应系数为0.1171，通过了10%的显著性水平。说明了产业结构具有显著的空间溢出效应。溢出效应表明，第二产业占比的增加会促进本地区能源强度的提高，而间接效应为0.0792，说明第二产业比重的增加会对邻近地区的能源强度也同样产生促进作用，使邻近地区能源强度提高，原因在于一些能源投入量大，污染排放多的产业转移到邻近地区，造成能源强度增加。

能源结构指煤炭消费占比，能源结构的直接效应为0.0944，通过1%的显著性检验，说明本地区煤炭消费占比的增加会促进本地区能源消费强度的提高，间接效应为 −0.1505，但总效应不显著。

城镇化水平的直接效应和间接效应分别为0.2576和0.7197，并且均通过了1%的显著性水平。说明本地区城镇化水平的提高对本地区能源强度和相邻地区能源强度均具有正向作用。城镇化水平的提高带来了大量人口的涌入，对资源的需求不断增加，能源消费量不断提高，从而使本地区和相邻地区的能源强度增大。总效应为正，也说明对总体能源强度也具有增大的影响。

能源的价格的直接效应不具有显著性水平，说明能源价格对本地区能源强度的影响不显著，但对邻近地区能源强度的影响是显著正相关的，即能源价格提高，邻近地区的能源强度也会随之升高，总体上能源强度也是显著正向的。

外商投资对本地区和邻近地区能源强度的影响均为负向的抑制作用，对本地区和周围地区的影响系数分别为 −0.0867 和 −0.1136，并且均通过了 1% 的显著性检验。外商投资在一定程度上提高了能源利用效率，并且有利于对外开放程度的加强，使能源强度降低，并对邻近地区产生影响。但在总体上的影响是不显著的。

第六节　中国四大经济区域能源强度影响因素分析

由于中国土地辽阔，地理情况复杂，资源禀赋差异大，所以我国经济发展水平参差不齐，根据不同区域的经济发展状况，将我国分成四大区域：东部地区包括上海、广东、海南、浙江、天津、江苏、河北、福建、山东和北京十个省市，这些地区大多处于东南沿海经济带，经济发展质量高，经济基础雄厚，并且国家政策扶持力度强，能源利用效率高；东北地区包括黑龙江、吉林和辽宁省，这三个省份有着丰富的工业基础，重工业发达，但却由此消耗了大量的能源资源，导致能源效率没有得到充分利用；中部地区包括山西、湖北、江西、安徽、河南和湖南六省，是我国重要的粮食生产区并开始逐步发展现代工业，但是创新能力不足和能源资源消耗量过大反而导致经济发展水平低，能源强度下降趋势慢；西部地区包括新疆、宁夏、内蒙古、青海、四川、云南、甘肃、贵州、陕西、重庆和广西，这些地区经济发展水平低、地理位置处于劣势，不利于区域的可持续发展，与东部地区形成了明显的差异。那么具有类似地理位置和经济条件的区域是否会收敛得更快呢？不同的因素会对不同区域的能源强度产生不同程度的影响吗？本节将对这两个问题进行分析。

一、模型检验

对中国四大经济区域的条件 β 收敛进行 LR 检验，p 值均小于 0.1，说明应该选择空间杜宾模型对中国四大区域进行条件 β 收敛分析。然后对中国东北部、东部、中部和西部的空间杜宾模型结果进行回归分析，如表 6 - 9 所示。

表 6 - 9　2005 ~ 2019 年中国四大区域能源强度条件 β 收敛估计结果

变量	东北部	东部	中部	西部
$\ln IE_{t-1}$	- 0. 5212 *** (- 5. 08)	- 0. 6003 *** (- 15. 72)	- 0. 2277 *** (- 3. 96)	- 0. 2205 *** (- 8. 81)
$\ln R\&D$	0. 0117 (0. 63)	- 0. 0169 ** (- 2. 36)	0. 0216 (1. 64)	0. 0016 (0. 16)
$\ln GDP$	- 0. 527 ** (- 2. 32)	- 0. 0716 ** (- 2. 43)	- 0. 1488 *** (- 2. 66)	- 0. 1405 *** (- 3. 38)
$\ln SEN$	0. 0513 * (0. 41)	0. 0005 (0. 01)	0. 1510 ** (1. 90)	- 0. 0287 * (- 1. 13)
$\ln MT$	0. 71 (0. 58)	- 0. 1232 *** (- 3. 67)	0. 2277 ** (2. 49)	0. 1403 *** (4. 12)
$\ln UL$	0. 2183 (0. 38)	- 0. 2865 *** (- 3. 89)	- 0. 3335 ** (- 0. 77)	- 0. 3976 (- 1. 57)
$\ln P$	- 0. 0079 (- 0. 07)	0. 0053 (0. 89)	0. 1343 * (1. 81)	- 0. 0732 (- 1. 29)
$\ln FDI$	- 0. 0373 (- 0. 2)	0. 0765 (0. 99)	0. 6527 * (1. 89)	- 0. 1282 (- 1. 28)
$W \times \ln IE_{t-1}$	- 0. 1883 ** (- 1. 33)	- 0. 3708 *** (- 4. 60)	- 0. 2916 ** (- 2. 14)	0. 1968 *** (3. 43)
$W \times \ln R\&D$	0. 1192 *** (3. 09)	0. 0147 (1. 54)	0. 0088 (0. 50)	- 0. 0376 * (- 2. 22)
$W \times \ln GDP$	0. 2347 (1. 03)	- 0. 0882 *** (- 2. 91)	0. 0643 (0. 69)	0. 0913 (1. 35)

续表

变量	东北部	东部	中部	西部
W × lnSEN	0.2607 ** (2.11)	− 0.0826 (− 1.01)	− 0.0876 (− 0.89)	0.0044 (0.12)
W × lnMT	0.7365 *** (2.68)	0.1324 ** (2.42)	0.2178 (1.43)	− 0.0434 (− 0.76)
W × lnUL	− 0.9081 (− 0.9)	− 0.2582 ** (− 2.14)	− 0.8191 (− 1.15)	1.3873 *** (2.56)
W × lnP	0.0176 (0.17)	0.0072 (0.72)	− 0.1061 (− 1.37)	0.1092 * (1.79)
W × lnFDI	1.7575 *** (4.78)	0.2297 ** (2.48)	1.1898 ** (1.97)	− 0.0019 (− 0.01)
Log-likelihood	527.8033	593.7364	501.4427	547.6201
Spatial-rho	0.0023	0.0033	0.0059	0.0047
sigma2_e	0.6324	0.5925	0.3841	0.5382

注：表中 *** 、** 、* 分别代表在1%水平、5%水平和10%水平上显著。

资料来源：2005～2019 年《中国统计年鉴》《中国能源统计年鉴》和各省统计年鉴数据整理计算得出。

由表6-9的估计结果可以看出，中国四大区域的收敛系数依次为，东北部 − 0.5212，东部为 − 0.6003，中部是 − 0.2277，西部是 − 0.2205，并且都呈现了1%程度的收敛，说明中国四大区域内部都存在着不同速度的条件 β 收敛现象。其中，东部收敛速度最快，西部收敛速度最慢，与区域的经济发展状况相似，由此可以说明能源强度的收敛速度与经济发展速度存在一定的正向关系，经济发展水平越高，能源强度收敛速度越快。从滞后项来看，四大区域中东北地区、东部和中部的系数均为负数，并且显著，说明能源强度的降低率与其邻近地区能源强度的降低率存在一定的负向关系，进而产生一定的间接效应。西部地区与邻近地区能源强度降低率呈现正向影响，但不显著。

（1）中国的东北部地区存在显著的能源强度收敛现象，收敛速度仅次于东部地区。七个控制变量对东北地区能源强度的收敛都产生了不同的影响，地区生产总值的提高会显著降低东北地区的能源强度，产业结构中第二产业占比的提高也会对东北地区能源强度产生正向影响，而技术进步水平、能源结构、城镇化水平、能源价格和外商直接投资对东北地区能源强度的影响是不显著的。

（2）中国的东部地区也存在显著的能源强度收敛现象，收敛速度最快，从表6-9也可以看出，东部地区生产总值对能源强度的影响是显著的，并且影响最大，可见经济发展程度对东部地区能源强度的影响是较大的。地区生产总值、技术进步水平、能源结构、城镇化水平与东部地区能源强度呈现显著的负相关关系，而其他控制变量的影响没有呈现显著变化。

（3）中国的中部区域同样存在能源强度的趋同，并且结果显著。中部地区生产总值、城镇化水平对本区域能源强度存在显著的负向影响，而产业结构、能源结构、能源价格和外商直接投资的影响是正向的，技术进步水平对能源强度的影响不显著。

（4）中国西部地区能源强度的收敛速度最慢，可能与其经济发展水平低存在一定的关系。地区生产总值和产业结构的变化对西部地区能源强度产生负向影响，并且结果呈现显著性水平，而能源结构的影响是正向并且显著的，其余控制变量对西部地区能源强度的降低没有显著影响。

二、结论分析

中国四大经济区域的能源强度均具有显著的空间收敛现象，但是不同地区所形成的收敛速度是不同的，究其原因，与各个区域所在地理位置、资源禀赋、产业结构、政策措施等因素有关。

（1）我国东北部地区重工业发达，产业结构中第二产业所占比重较大，而第二产业的发展会消耗掉大量的能源资源，从而导致能源强度升高。从表6-9中可以看出，产业结构对东北地区能源强度存在显著的正向影响，需要及时优化东北地区产业结构，不断促进产业结构升级。同时，东北冬季取暖需要燃烧大量的煤炭资源，造成能源结构中煤炭所占比重较大，但分析可以看出，能源结构并不显著，说明东北地区正在逐步优化能源结构。

（2）我国东部地区大多数省份都处于沿海地带，经济发达，但是这些地区却缺乏自然资源的存储量，能源匮乏，经济发展较快的原因是其技术进步水平高、创新能力强，并且城镇化发展水平高，大量人口的涌入在加大基础设施建设的同时也为东部地区发展带来了更多的人才与设备的引进，带动经济发展，从而也加快了能源利用的效率，进一步降低了本区域的能源强度。

（3）中部地区包括我国中部的六省区，这些省区的能源强度相比于东部沿海地区较高，产业以电力、有色金属等行业为主。产业结构、能源结构、能源价格和外商直接投资的增加都会对能源强度产生显著的正向作用，因为西部地区的支柱产业主要会消耗掉大量的能源，而外商会倾向于将其资金与设备投资于这些高能耗产业，从而造成能源强度的升高；但经济发展水平的提高和城镇化水平的不断扩大会降低能源强度，不断吸引人才和技术向清洁能源和新能源流动，进而吸引外商投资于低耗能、附加值高的产业。

（4）西部地区的 11 个省份能源强度普遍较高，经济发展水平在四大区域中是最低的，原因是多方面的，西部地区同东北地区一样由于冬季寒冷，居民需要采暖，而在采暖的过程中会消耗掉大量的煤炭，造成二氧化碳排放量的增加，对生态环境造成破坏，与西部地区能源结构的影响呈正向效应是一致的；并且大量的资源都存储于西部地区，致使其形成了以煤炭、冶金等高耗能、高污染为主的产业结构，导致能源强度的升高。西部地区可以引导企业进行技术创新与对产业结构进行优化升级，并利用外资企业投资于低耗能、低污染的行业，从而降低西部地区的能源强度，提高本地区能源利用效率。

第七节　本章小结

本章在经典收敛模型的基础上引入空间效应分别构建了中国省域能

源强度的 σ 收敛模型、绝对 β 收敛模型和条件 β 收敛模型，在此基础上探讨了中国省域能源强度的收敛性特征以及影响省域能源强度的影响因素，并对中国四大经济区域进行空间收敛研究，以期因地制宜制定相关政策降低中国省域能源强度。研究结果显示：

第一，空间效应在研究中国能源强度收敛中发挥了重要的作用，说明地理位置的分布对于中国省域能源强度的收敛情况具有重要的影响。

第二，对中国省域能源强度的空间 σ 收敛模型进行检验，结果发现中国省域能源强度虽然在个别年份呈现出波动现象，但整体呈现逐年缩小的趋势，表现出一定的 σ 收敛现象。

第三，对中国省域能源强度进行了绝对 β 收敛，利用似然比和 Hausman 进行检验，得出应该使用具有固定效应的空间杜宾模型对中国省域能源强度进行绝对 β 收敛的空间分析，研究表明，中国省域能源强度存在绝对 β 收敛。在研究中发现，一个地区的能源强度与相邻地区之间以及整个系统内的能源强度变化情况存在正相关关系，但是与相邻地区的能源强度的变化的正相关呈现明显显著性，与 30 个省份的能源强度的正相关关系不显著。

第四，利用空间杜宾模型对中国省域能源强度进行条件 β 收敛研究，发现中国省域能源强度存在条件 β 收敛，并分别探讨不同驱动因素对本地区以及邻近地区的能源强度的影响，得到如下结论：

（1）技术进步水平对本地区能源强度的降低和总体上能源强度的降低具有显著的负相关关系。一个省份技术水平的提高有助于本地区总体上能源强度的降低，但对邻近能源强度的影响不显著，不存在空间溢出效应。原因可能在于本地的一些使用的先进技术仅适用于本地区的企业，企业之间相互模仿和影响造成对技术的广泛使用，但未能影响邻近区域；同时也可能是由于能源消费回弹效应所致。

（2）经济发展水平的直接效应、间接效应和总效应都是负的，并且均通过了 1% 的显著性水平。说明一个地区经济发展水平的提高会使整个区域甚至整个国家的能源强度得到降低，表明提高经济发展水平的重要性。

（3）产业结构即第二产业比重的上升会对我国能源造成大量的消耗，导致能源消费量增加，能源利用效率没有得到充分利用，能源强度升高。产业结构具有一定的空间溢出效应，即本地区第二产业比重的上升会导致邻近地区能源强度的升高，并在总体上对能源强度产生影响，所以我国还需要进行产业结构的优化升级。

（4）能源结构尤其是煤炭占比较高，会对本地区能源强度的降低产生一定的抑制作用，即煤炭占比提高，本地区能源强度也随着升高，但在整体上对我国能源强度影响不显著。

（5）城镇化水平的直接效应、间接效应和总效应都显著为正，说明城镇化水平的提高，大量农村人口的不断涌入会增加城镇化水平，但这些人口大多从事第二产业的工业化生产任务，从而使能源消费量增加，提高了能源强度。

（6）能源价格对本地能源强度影响不显著，但对邻近地区和总体上存在正相关关系，通过了10%的显著性检验。能源价格水平的提高，会使邻近地区能源强度提高，具有空间溢出效应。

（7）外商直接投资对本地能源强度、邻近地区能源强度均具有显著的负相关关系。外商直接投资是降低中国省域能源强度的主要因素，外商投资水平的提高，导致国外先进的技术和产品会不断流入中国，促进资源高效整合利用，提高能源效率，降低能源强度，外商直接投资对于降低一个地区或者一个区域的能源强度具有积极的影响。

第五，分区域对能源强度进行收敛分析，发现中国四大经济区域均存在区域内部的条件 β 收敛效应，并且收敛的速度不同，东部地区收敛速度最快，西部地区最慢。根据四大区域能源强度影响因素的不同，分析不同的影响因素对区域能源强度的作用程度，进而为合理制定中国省域节能减排措施提供依据。

第七章

结论、政策建议及展望

第一节 研究结论

　　展望"十四五"以及中长期中国省域能源的发展情况，我国经济在高速发展的同时，能源消费不断上升，能源消费总量居世界第一，同时资源短缺、环境污染问题也受到了全社会各界的广泛关注。如今，中国已经成为世界能源消费量最多的国家，在保持经济可持续发展的同时，如何有效提高能源利用效率，进行节能减排活动成为中国社会关注的焦点问题。由于中国疆域辽阔，区域之间的经济发展水平与资源禀赋情况各不相同，并且存在差异性与不均衡性，我国各省份间能源强度存在显著的差异性。鉴于此，本书在对以往文献进行阅读归纳研究的基础上，以生态经济理论、循环经济理论、可持续发展理论、绿色增长理论、低碳经济理论和空间计量学理论为基础，对中国30个省份能源强度进行测算，并揭示了省域能源强度的变化规律；分析了中国能源消费总量和中国省域能源消费量，以及中国总能源强度和省域能源强度的变化趋势、差异化情况与时空分布情况；并进一步利用空间计量软件对中国省域能源强度的空间分布格局和空间相关性进行分析；构建了空间计量模型，对中国省域能源强度的收敛进行分析，明确了能源结构、城镇化水平、产业结构、外商直接投资等因素对中国省域能源强度的影响路径与影响水平，利用中国四大经济区域的特点，探究七大影响因素对中国四大经济区域的作用程度，因地制宜提出降低省域能源强度的政策和建议。通过以上的理论分析与实证分析，得到以下结论：

第一，2005～2019 年这 15 年，我国能源强度整体上呈现下降的趋势；从空间分布层面来看，我国的能源消费量和能源强度呈现从西北内陆向东南沿海递减的趋势，并且由于区域内经济发展水平的差异，出现能源消费量增加但是能源强度却下降的反方向变动趋势，说明国家和各地区政府应该考虑各地经济环境发展实际情况，因地制宜且有针对性地提出节能减排的政策措施。中国 30 个省份中，有 16 个地区的能源强度超过了全国能源强度的平均水平，并且各个省份之间能源强度差异水平较大，说明目前我国降低能源强度的任务巨大，不能单纯使经济发达地区的能源强度下降，还要关注到内陆欠发达地区的能源强度的降低；另外，我国能源强度空间分布的差异也较大，高能源强度的地区主要分布在新疆、青海、内蒙古等西北地区，而低能源强度的地区主要分布在上海、江苏、浙江、广东等东部沿海地带。由于我国地域辽阔，各省份之间经济发展水平、资源禀赋等分布不均，人口发展和经济能源结构存在着较大的差距。经济发展不平衡必然导致能源强度存在地区间差异，但差距过大将导致区域不能协调发展、阻碍政策实施，增加社会发展成本。

第二，省域能源强度存在显著的空间相关性。经研究表明，在进行省域能源强度的全局相关性分析时，全局 Moran 指数均为正值，并且都通过了显著性检验，表明我国各省份间能源强度的空间分布并非是完全随机的，而是具有显著的空间依赖性，能源强度较低的省份倾向于与能源强度同样较低的省份相邻，能源强度较高的省份倾向于与能源强度较高的省份相邻，形成低—低集聚与高—高集聚的能源强度分布特征。通过全局 Moran 指数发现，中国省域能源强度经历了"降—升—降"的趋势，所以，本书采用 4 个时间节点对中国省域能源强度进行后续的分析。在此基础上，绘制了不同时期中国 30 个省份的能源强度分布图，结果显示：分布在第一、第三象限的省份较多，而分布在第二、第四象限的省份较少，说明我国省域间能源强度存在空间相关性与集聚性，并且高—高聚集的省份多分布在我国的中、西部地区，而低—低聚集的省份多分布在我国的东南沿海省份与经济发展较快的省份。

第三，对中国 30 个省份的能源强度进行局部空间自相关分析。通过计算各省市能源强度的局部 Moran 指数，进一步分析各省能源强度的辐射效应，结果显示"低—低"集聚的省份主要分布在东南沿海地区，主要有上海、浙江、江苏、广东等，这些省份多为东南沿海地区，经济发展水平高，地理位置优越、人才聚集、科技发展程度高，也在一定程度上带动了周边区域的能源强度的降低，形成一定的集聚性。在制定能源政策时，也应该充分考虑这些地区对周边地区的辐射作用，从而有效降低整体的能源强度水平。"高—高"集聚的地区主要有新疆、青海、甘肃、内蒙古等地，这些省份多集中在中部和西部地区，第二产业占比较高，能源消费量较大，造成能源强度的升高。

第四，基于 2005～2019 年的空间面板数据，对中国 30 个省份能源强度水平及其影响因素建立空间计量模型进行空间收敛分析，得出中国省域能源强度存在 σ 收敛与 β 收敛，并利用 LR 检验和 Hausman 检验，确定使用固定效应的空间杜宾模型对中国省域能源强度及其影响因素进行空间分解，其中产业结构、能源结构与城镇化水平对能源强度存在显著的正向影响，并且不同因素存在着不同程度的空间溢出效应，从而挖掘出影响中国省域能源强度降低的驱动因素，制定差异化政策来有效降低能源强度。

第五，将中国按照经济发展水平分为四大区域，探究经济发展水平、技术进步水平、产业结构、能源结构、城镇化水平、外商直接投资和能源价格对四大区域能源强度的不同影响，研究发现：生产总值与四大区域能源强度均存在显著的负相关关系；技术进步水平与东部地区能源强度存在显著负相关关系，技术水平越高，能源强度下降越快，但技术进步水平与其他三个地区能源强度的影响不显著；产业结构中第二产业比重与东北地区和中部地区存在显著正相关关系，主要是因为东北地区和中部地区主要以工业、冶金等作为支柱产业，会消耗掉大量的能源资源；能源结构与东部地区呈正相关关系，与中部和西部地区存在负相关，东部地区由于经济发展水平高，经济发展不再依赖于劳动力的提高，而是重视生产率的提高和科技水平的发展，所以煤炭消费量的增加会导致能源强度升高，而中部和西部还处在劳动密集型生产阶段，煤炭消费量的增加会促进其经济的发展，而经济发展水平超过煤炭消费量增长时，就会出现能源强度的下降；城镇化水平与中部和东部能源强度存在显著的负相关关系；能源价格和外商直接投资只与中部地区能源强度存在正相关关系。

第二节　降低中国省域能源强度的政策建议

根据上述相关研究结果以及结论表明，降低我国省域能源强度的这条路是充满挑战与困难的，需要政府这只"看得见的手"与市场这只"看不见的手"的共同努力。第六章的研究结果显示，地区生产总值、技术进步水平、能源消费结构、能源价格、产业结构等因素对本省及邻近省区能源强度的降低都会产生不同程度的影响，并且这些因素同时也会制约着中国四大经济区域的能源强度。因此，今后应从这些方面着力推进中国省域能源强度的下降。但降低省域能源强度也应该充分考虑中国和各省区不同的实际经济发展情况和能源消费情况，要充分考虑我国相关政府政策和各省份政策文件目标的可行性问题，以此对中国省域能源强度的降低提出以下有针对性的政策建议和行动举措。

一、节约能源

面对国家工业、建筑业、交通运输业等领域的快速发展，传统的粗放型的高污染、高能耗、高排放的能源发展方式以及第二产业占比过大的产业结构已经难以为继，不适应现代化经济的发展需求，会对我国当前以及未来能源的发展造成约束，不利于我国经济与能源的可持续发展，所以，现阶段节能减排对我国经济高质量增长有着非常重要的战略性意义。不仅如此，煤炭消费在我国能源消费量中仍占据重要地位，煤炭占比超过我国能源消费量的 50%，节能减排政策的实施还可以显著减少煤炭等不可再生能源的消费量，进而对保护环境、推进生态文明建设做出巨大贡献，因此节约能源对于减少我国二氧化碳排放以及降低能源强度有着非常直接的影响。节约能源是一个综合性的系统工程，不仅需要对那些能源消耗量大、能源利用效率低的产业和行业推进节能措施的利用，还要通过制定相关的能源法律法规和地方政策对高耗能、高污染、高排放和低效益的企业和行业进行约束、管理和监督，使其改变原有的以环境污染为代价取得收益的生产方式。与此同时，还应该向广大居民宣传节能减排理念，使节能减排理念被人民所接受并且融入日常生产与生活当中，这样才可以推动我国节能工作取得重大进展，以此减少能源消耗、降低能源消费强度。在例如工业、交通、居民生活和建筑业这些关乎国民生活的重要领域中，坚持节能优先势在必行，国家应该着力推进这些领域向节能型生产和消费模式的转变。具体来讲，要从以下四个方面进行具体的节能行动：

（1）推进工业领域节能。在工业生产尤其是重工业生产的过程中会消耗掉大量的资源，如果不合理利用这些资源，不仅会造成浪费而且会加重环境污染，给人类生产和生活造成严重的损失。所以现阶段，我国要进一步淘汰落后产能并严格限制高能耗和过剩产能行业的扩张，尤其是煤炭、钢铁和水泥等行业。由传统的节能方式转变为绿色节能方式，着眼于生产流程全过程的节能而不单单是设备和生产末端的节能。定期开展节能监测与检查，找出节能部位与节能潜力，标准定位节能措施的实施。通过引进先进的节能设备与技术来实现企业和工业行业节能降耗。

（2）建筑领域节能。东北地区夏季炎热、冬季寒冷，由于冬季供暖系统的使用需要消耗掉大量的煤炭，增加了能源消费量，还给生态环境带来了严重的破坏，因此降低煤炭能源消耗对于节约能源起到非常重要的作用，如通过太阳能进行采暖、对外墙使用的保温用品应采用新型的保温材料，尽量减少供热管道的热量损失或者使用高效能冷热锅炉等。同时，对新建筑物要采用低能耗建筑或者绿色建筑的全新设计理念，使设计师的思想理念与当前节能理念相吻合，提高东部等发达地区建筑领域节能标准；另外，控制建筑物的规模与数量，尽量减少非必要建筑的规划，在新建筑物中，应推广节能电器与节能设备的使用，以减少能源的消耗，实现节约能源的目的。

（3）交通领域节能。要加快完成绿色基础设计建设的目标，循序渐进地推广清洁高效的交通工具与运输设备的创新使用，在"车、船、路、港"四个方面推进交通运输领域的节能减排，构建绿色、可持续的新型城市交通运输系统。在车辆交通方面，通过对驾驶员进行培训推广节能驾驶经验，对营运车辆中超过高能耗标准的汽车要严格执行淘汰制度，减少能源的消耗，推广新能源汽车与清洁燃料的使用，加大对客运新能源的利用，向市民宣传绿色出行的好处并加快绿色交通基础设施的建设，引导市民选择绿色、低碳的出行方式，从而更大程度上减少能源的消耗与二氧化碳的排放。在船舶交通方面，推进船舶标准化建设，逐渐淘汰落后船型，不断新建标准化船舶，不断改进船舶中的技术设备，引导船舶靠岸使用岸电，优化水路线路的规划，提高水路航线的运行效率。在道路运输方面，高速公路应加快推进 ETC 设备的安装，使 ETC 设备普及全国各市乃至乡镇道路交通，减少高速公路停车收费所消耗的能源和排放的尾气，对隧道内的照明使用节电与节能设备，节约用电，并对铺设路面的材料采用新型材料，对城市交通中的信号灯采用太阳能控制的形式。在港口交通方面，对于堆放在港口的集装箱运输采用电力设备，减少石油资源的消耗，并不断推进岸电技术的发展，使节能减排政策落到实处。

（4）城乡能源消费方式变革。推进城乡用能方式的变革，减少煤炭等不可再生能源的消耗，减少对环境的破坏，合理规划城乡建设空间布局，加强新能源的发展与清洁能源的使用，利用风能、太阳能、生物质能等新型能源代替原有的煤炭、石油等能源的使用，促使城镇朝着绿色、低碳、节能的新型城镇化方向建设。以绿色低碳的新技术取代耗能的老旧技术，促进企业及行业朝着可持续发展方向推进。加快农业发展方式现代化进程，用高科技、低能耗的现代技术来装备农业，推进农业的高产，形成高效率、高产量、低能耗的现代化农业生产系统。

二、优化能源结构

中国的能源资源禀赋其实除了"富煤、缺油、少气"等化石能源外，我国还存在着丰富的非化石能源，这些风能、太阳能等非化石能源都是我国能源禀赋的组成部分。但现阶段，我国的能源消费结构依然是煤炭占据重要地位，2020 年，煤炭消费量占中国能源消费总量的56.8%，第二产业比重较大、北方地区冬季采取燃煤取暖等措施都是导致我国煤炭消费量不减的因素，而石油和天然气消费量占比不到30%，更不用提新能源和清洁能源的利用比例。中国这种不合理的能源消费结构会加剧二氧化碳排放量的增加，进而对我国可持续发展和绿色发展都产生不利的影响。鉴于此，科学优化能源消费结构对于降低我国的能源强度具有至关重要的作用，本书从以下几个方面对给我国能源结构进行优化：

（1）减少煤炭消费量。我国东部地区经济发达，资源需求量较大，但这也导致了煤炭消费总量增长速度过快，这些地区要不断发展天然气和非化石能源的供应规模，从而用这些非化石能源和清洁能源来代替煤炭消费，减少二氧化碳的排放。在煤炭的挖掘、加工阶段会带来环境的破坏，形成环境成本，需要不断完善煤炭定价制度，提高用煤成本，使企业寻求更高效、低污染的资源来替代煤炭。根据各地实际发展的需要，因地制宜推进工业产业"煤改气"工程的实施。

（2）提高天然气消费比重。北方地区冬季合理采取"煤改气"政策，充分高效利用天然气，在工业与居民日常生活中逐步实现"以气代煤"，加快推进清洁高效供暖的实施。推进城镇棚户区与城中村的燃气改造，对老旧的燃气管道进行修护，减少燃气成本。在推进新农村建设的过程中，向农村居民宣传使用天然气的重要性，在环境与经济允许的条件下逐步推广生物天然气的使用。在交通运输中提高天然气比重。减少天然气供应的中间成本，压缩天然气供应成本，使企业及用户有条件自主选择天然气资源。

（3）大力发展可再生能源与清洁能源。风能、太阳能、水能等都是中国目前大力开发与运用的可再生能源，它们的使用过程不会有污染物的排放，是可以替代化石能源的清洁能源。利用太阳能进行智能电网的开发，可以有效降低传统用电困境，节约电力设备的输出。在西北地区和天气寒冷地区普及太阳能发电技术，具有节能、环保的特点。逐步推进分布式光伏等项目的开发与利用。大力发展氢能汽车。在燃气供不应求的情况下，使用地热能进行供暖，以此减少污染物的排放。

三、促进产业结构合理化

目前，我国三次产业结构已经呈现"三、二、一"的格局，即第三产业服务业占比最高，然后是第二产业工业及建筑业，农业占比最低，这是我国产业结构不断优化升级的结果，也显示出我国正在向发达国家的产业结构靠拢。但是与发达国家相比，我国农业占比依然较高，而第三产业服务业占比还有待提高，还需要不断对中国的产业结构进行优化升级。因此，不断加大第三产业比重，发展现代化服务业的同时应该限制第二产业中高能耗、高污染行业的发展，用降低能源强度的方法倒逼产业结构的调整，及时抑制高耗能产业的发展。通过第六章的实证研究也表明，合理调整产业结构对降低我国省域能源强度有着积极的影响。所以，要采取以下措施不断调整我国的产业结构：

（1）严格限制"三高"产业发展。提高高污染、高耗能、高排放"三高"行业的准入门槛，对于新建项目中的绿色产业应该给予政策与税收支持，而对于新建项目中存在高污染的行业应该禁止或者限制其进入。推进供给侧结构性改革的实施，淘汰过剩产能，分类处置"僵尸企业"。加大国家对"三高"产业的政策引导，合理利用空间进行优化布局，使其在不破坏环境的前提下实现经济的高质量增长和行业的发展。

（2）推动制造业高质量发展。加快制造业智能化建设，提升利用效率，同时可以有效降低对能源的消耗，实现能源强度的降低。建立制造业的节能减排专项资金，支持发展相应的新能源汽车工程。对传统制造业进行数字化改造、互联网加持，使我国传统制造业朝着高端化、朝阳化方向发展。在改造的过程中加大技术支持，尤其是环保技术的发展，推进制造业在各个方面实现节能、低碳转型。

（3）培育新的经济增长点。加大力度和政策支撑投入新能源、新产业、新材料、新技术当中去，发挥产业政策导向和促进竞争功能，加大国家的资金支持力度，对"四新"产业进行重点发展。

（4）加快改革现代服务业。放宽市场准入制度，在合理的范围内，允许其自由地与其他资本以整合等方式流入市场中，提高服务业的质量。减少审批流程与审批手续，营造规范、公正的市场环境。提升线上服务业的服务质量与服务效率，对于新兴服务业采用人员灵活配置方式，减少人力成本与时间成本，提高就业率。引导5G等新技术进入服务业系统，提升生活质量，并鼓励现代服务业朝着清洁化方向发展。

四、加强科技创新

现阶段，我国的经济与能源都处于高质量发展阶段，原来的单纯依靠生产要素增长的粗放型的经济增长方式已经与现代的国家发展阶段不相适应，会造成能源消费量的消耗与生态环境的破坏等后果，长此以往，能源消费量的增长率会超过经济增长速度，导致能源强度提高、能源利用效率低下、经济结构不平衡。所以，经济增长方式必须由粗放型向集约型转变，从而加快经济增长速度的同时提高经济发展质量，并减少能源消耗，降低能源强度，使能源利用效率得到显著改善，并逐步实现绿色增长、能源双控的目标。在转变经济增长方式的同时要注意在科学发展观的正确指导下进行全方位、多层次的创新，用理论创新引导技术革新，在进行技术革新的同时也要注重政府制度的创新，营造科学、可持续的创新环境，从而不断降低"三高"行业的能源消费量，实现能源强度的下降与节能减排的目标。

（1）加大自主研发投入力度，提高研究成果的转换率和利用率。为了提高我国能源经济效率、降低能源强度、缓解能源约束、实现经济高质量发展，必须增加研究与发展经费的投入（R&D）。研发经费的增加能够促进技术的进步，为了让先进技术能够更有效促进能耗的降低，就需要将其转化为实际的生产力，也就是需要研究成果贴近现实，解决实际的市场需求。为了将研究成果与现实密切结合，各级相关部门要以节能技术发展为重，要将其作为主要的研发投入，并要加强在可再生能源与新能源利用技术方面的自主研发力度，做好研究成果在各行业部门的积极推广，提高研究成果的转换率和利用率，争取最大限度地降低能源资源耗费。

（2）科学引进外商直接投资，加强政府监督审查力度。技术引进是降低我国能源强度的重要影响因素，这说明我国不仅需要对先进技术进行自主研发与利用，还要扩大外资引进规模以寻求更高质量的发展。但在通过外商直接投资的溢出效应来降低我国能源强度的过程中，要确保国家战略安全，确保核心科学技术不过分依赖外部资源，避免垄断。在吸引外商直接投资时，一方面要确保外资企业平等享受各项相关支持政策并营造公平竞争的市场环境；另一方面要重视对民族企业和品牌的保护。

（3）提高模仿创新成果质量。模仿创新虽是促进发展中国家技术进步的有效可行捷径，但由于模仿创新的不可持续性，随着我国技术知识积累越来越充足，技术不断升级，我国自主研发能力的不断提高，逐步缩小了与发达国家的技术差距，模仿创新后发优势也就逐渐变弱。由此，要在不断提高我国自主研发能力的基础上，根据市场需求，有必要对引进的先进技术进行再创新，进一步提高模仿创新成果质量以提高能源的利用率，从而达到降低我国能源强度的目的。

（4）加快推进市场化进程。市场化程度能够较好地调节技术进步与能源强度之间的关系，市场化程度越高，技术进步就越能有效促进能源强度的下降，因此我国各地方政府应加大推进市场化的力度：首先，政府要在尽可能减少对市场的干预的同时加强对市场的宏观把控，让市场自由运行，转变角色，做好服务者，深化"放管服"改革。其次，要高度重视非国有制经济在适当保护公共物品或国家安全等各类国有企业重要作用下的发展。再次，降低商品市场的地区贸易壁垒，提高产品市场的发展程度。最后，要重视发展市场中介组织的发育。

五、促进区域能源协调

根据能源强度收敛理论，初始能源强度较高的省份能源强度下降的速度要快于初始能源强度较低的省区，因此，初始能源强度较高的省份相比初始能源强度较低的省区减排潜力更大。并且，由于初始能源强度较低的省份在降低能源强度的过程中已经实施了很多技术政策以减少其能源强度，再继续降低会造成节能成本的加大与技术研发成本的提高。所以，在未来一段时间内，我国应该重点关注初始能源强度较高省份的减排力度，将重点实施政策放在这些省份上，有利于我国节能减排目标的实现，并减少节能成本，注重能源强度较高省份的快速下降同时实现能源强度较低省份的稳步下降。由于我国目前高能源强度的省份主要集中在西北和北部地区，这些地区资源储量丰富，但是经济发展水平落后，产业结构以重工业等高污染产业为主，导致能源利用效率低，这些省份还没有办法在短时间内追平甚至追赶低能源强度省份。综上所述，要想实现高能源强度省份能源强度的降低，需要对能源密集型的产业结构进行低碳化与绿色化处理，深入探究各省市经济发展与能源强度的变化规律，实现节能任务的协调完成。

目前，中国30个省份与邻近省份之间的能源强度存在着空间溢出效应，经济发展程度相似或者地理距离较近的省份之间能源强度的降低也会受到影响，而不仅仅局限于本地的发展水平。以上分析可以发现，缩小地区间的经济距离与地理距离可以加速我国能源强度水平的收敛速度。中国通过构建发达的交通运输体系和增加交通运输枢纽以实现地理距离的缩小；而经济距离的缩小在于发挥发达地区的辐射带动作用，促进地区间的交流，实现利益共享与优势互补。

（1）因地制宜，促进区域能源协调发展。在能源生产、消费、供给与需求等诸多方面，各区域之间由于地理位置、经济水平等发展情况不同而存在明显的差异性，国家和地方政府应抓准时机，结合各地经济和能源发展实际情况，分地区分行业精准推进能源改革，实现区域间与全国能源协调发展。东部地区由于地理位置优越，经济发展水平高，国家政策的扶持，应该率先建立市场化、一体化、高质量的清洁低碳的国际化能源体系；中部地区与东北地区由于第二产业占比过重，产业结构不合理等因素，需要率先淘汰过剩产能，引领先进制造业优化发展；而西部地区地理位置偏远，但能源资源富饶，应率先保证能源资源的供应，实行"西气东输""西能东送"的产业发展方案，不断优化产业布局，合理利用与开发西部的自然资源，实现能源、经济与环境的可持续发展。

（2）统筹推进"四个全面"的战略布局，以区域能源革命推动能源、经济与环境协同发展。提高区域能源利用效率，降低能源强度是实现经济高质量发展与环境高水平保护的路径选择，只有依靠能源的发展与改革，不断进行技术创新，才能促进区域经济的发展与社会的进步。东部地区在对能源进行转型升级的过程中要重视对生态环境的保护；中部地区和东北地区由于冬季采暖燃煤会排放大量的二氧化碳，对生态环境造成破坏，应引导其使用天然气或其他清洁能源逐步取代煤炭取暖，以减少对环境的污染；西部地区在对能源进行开发利用的同时要注重其对经济和环境的强化和推进作用。

（3）因地制宜发展新能源，实现区域间能源协作与合作共赢。东部发达地区经济发展水平高，对能源的需求量较大，但是由于地理条件、资源禀赋的制约，能源资源缺乏，而西部地区能源资源富饶，但经济欠发达，此时，可以利用东部的资金与技术开发西部资源，发展新能源与清洁能源，实施"西气东输""西电东送"的战略，合理利用两地区优势，实现经济与环境的双赢。东北地区要完善相应的能源措施，因地制宜发展新能源供暖、天然气供暖、清洁能源供暖等方式，形成绿色、节能，并适应北方地区的新型供暖体系。加快建立生态保护基地，发展分布式能源，根据企业和行业的需求对能源进行生产并供应，满足实际需要，同时也是对生态环境的一种保护。根据全国各地的实际发展需要进行能源跨区域调配，实现区域间的能源协作，互利共赢局面。

六、健全激励约束机制

（1）财政税收政策。中国财政收入的大部分来源为税收收入，并且政府进行宏观调控时会依据当时的形势变化而采取不同的财税政策以促进国家经济的可持续发展，因此可以看出财政税收政策的正确制定对我国进行节能减排措施的施行具有不可替代的作用。推进经济发展、促进节能减排目标的实现是合理制定财政税收政策的出发点，所以，需要结合我国的能源改革与发展的实际需求，加大对绿色能源、清洁能源的财政支持力度，而对于那些能源消耗量大、环境污染严重、二氧化碳排放量高的行业或企业，国家和地方政府应提高税收税率。加快环境保护税立法工作的实施。具体的做法应从以下几个方面入手：一是完善我国绿色税收体系建设。完善环保税征收建设工作，某些企业或者行业大力发展重工业，在生产过程中排放许多废气对环境造成严重污染，对于这种企业应该多缴纳环保税；而对于环保企业，在无污染排放的前提下，可以减免环保税的缴纳。以此将税收作为杠杆进行绿色调节，鼓励环保企业继续进行绿色发展，同时也引导排污企业提升环保意识，取得经济收益的同时注重对环境的保护力度，推进生态文明建设发展。对新能源汽车免征车辆购置税，推动新能源产业的发展；对于符合条件的环境保护项目免征企业所得税或减税；全面推行资源税，发挥税收的杠杆作用，通过多种税收优惠政策的实施，来降低我国省域能源强度。二是推进税收政策的利用以促进节能减排发展。经济快速发展的同时，也付出了大量的能源与环境代价，为了实现节能减排的目标，政府需要采取税收这一宏观调控手段，来保护经济与环境可持续发展。对能源消费税的征税对象范围进行扩大，不同产业与不同污染程度的企业征收的消费税税率不同，提高资源浪费的成本，以促进企业进行合理的生产与消费。完善资源税，扩大资源税的征收范围，依据产量的多少征收资源税，以促使企业更好地保护环境，对资源税实行超额累进税率，多使用多征，少使用少征收。企业购置的节能设备和环保装置所产生的税额，政府可以进行补贴。对于高耗能、高污染企业征收一定税项，倒逼企业进行技术创新和新能源的利用。三是加大对节能减排的财政资金专项投入。国家建立节能减排和可再生能源专项资金，以扶持和推进绿色经济与绿色能源的发展，投入财政资金以扩大节能家电的消费，鼓励广大消费者使用节能产品，并扩大国内光伏发电规模，将资金重点投资建筑节能、工业节能、大气污染物治理等领域。积极引导财政资金使用方式与使用范围的创新与扩大。在水污染治理与土地污染防治领域也采取财政支持，设立专项资金。四是完善政府绿色采购制度。逐步完善强制性的政府绿色采购制度，扩大政府采购产品清单范围，确立政府采购产品、流程与管理方式的绿色化。对那些节能效果显著、技术水平先进的产品，给予强制采购，通过政府的绿色采购制度的实施，不断推广节能产品的使用，也激励广大企业与行业加大绿色产品的生产力度，提高企业生产的积极性。

（2）投融资政策。鼓励能源项目直接进行融资。对于那些具有先进节能技术、节能设备一流、拥有丰富的节能管理经验的企业，鼓励其在符合条件的情况下进行上市融资。鼓励银行、证券等金融机构通过开展多种多样的资产证券化业务，以进行产品与服务的创新。搭建银企合作平台，鼓励节能企业与金融机构和社会资本对接，以吸收更广的资本和更加先进的技术进行低碳产品的发展。加强与国际金融机构和各国政府、企业的多层次能源交流与合作。

（3）能源价格政策。建立竞争性的能源市场结构，对能源产品实行市场化定价策略，用市场这只看不见的手促进能源发展，以此合理反映能源的供求关系，鼓励企业和行业适时调整能源供应。形成完备的能源价格监管体系，既要监督价格，也要对能源的成本与服务质量进行监管，形成高效的能源监管体系。对电能进行阶梯定价、差别定价，引导消费者节约用电，保持电量稳定。推进石油天然气市场化价格改革，严格控制配气层次，减少不必要的成本导致的石油天然气价格升高。实行"全国一张网"的天然气价格形成机制，运输过程中的价格要进行合理收取，进行价格监管。

（4）完善统计体系。对能源建立统计体系不仅可以反映能源的总量与供需平衡目标是否实现，还可以从另一个方面折射出当前能源的结构与消费的方向，对于能源经济的可持续发展具有重要的现实意义。完善新能源与清洁能源开发利用的统计指标体系，使低碳经济发展目标的实现落到实处。对能源的交通运输建立各省份间不同品种能源的流通的指标体系，充分认识到能源在各省份间流通的重要性。完善能源消费统计体系，建立城市与农村用能统计指标体系，对人均能源指标进行细化。加强对二氧化碳排放与污染排放指标体系的完善，对影响能源环境的气体排放进行分类，使区域间的节能减排活动能够在各级政府的指导下有针对性地实施。

（5）健全节能法律法规体系建设。对节能法进行完善，形成防治污染排放的法律法规体系。对于能源强度高、经济发展水平低、能源消耗高的地区或企业应该加快建立相关管理办法以制约污染物排放的不断扩大。加快节能标准体系建设，提高准入门槛和扩大标准覆盖面。对于那些对环境造成巨大污染的高耗能、高污染企业和行业要加快制定强制性的耗能限额标准，加快节能标准体系的制定和完善。

七、深化国际能源交流与合作

在全球气候变暖的影响下，全球各国已经逐步认识到可持续发展不仅仅是一个国家或者一个区域的问题，而是事关国家能源安全的大事。因此，要加强与国际的能源交流，发展高层次、高水平能源合作，积极推动国家节能减排事业的进步。具体来讲，应从以下三个方面深化中国与国际能源交流与合作：

（1）加强与国际组织的交流与合作。深化中国与国际组织的能源交流与合作，可以规范参与各国的行为，通过国际组织的参与，起到较好的协调作用，可以有效化解矛盾。加强与国际组织的合作水平，不断提高中国在国际中的话语权，进行有深度和具有实质性的对话与合作。积极参与国际交流，学习先进技术与管理经验，为我国能源发展和节能减排的实现起到重要的推进作用。

（2）积极参与和发达国家的能源交流与合作。发达国家由于经济发展水平高，技术水平先进，由此形成了较合理的能源体系，中国应该积极借鉴发达国家的节能减排和能源发展的成功经验并引进他们的先进技术、制度和管理模式，加大能源研发创新和资金投入，积极推动我国的重点节能减排领域和行业的国际合作，推进"一带一路"项目建设，强化对沿线国家与城市的合作，深化能源交流与合作。

（3）持续深化国际能源合作。加强与世界各国的能源与环保领域的合作，拓宽合作项目，积极培育科技创新、绿色、金融等方面的合作，以促进能源的发展。搭建各国能源行业企业家的互动交流平台，推动其在能源领域和节能减排领域取得新发展，将合作推向新高度。与能源发达国家签署长期合作协议，给中国提供先进技术支持，同时保证为中国提供更多高效、绿色、可持续的能源。积极开展能源的双边甚至多边合作，通过联合行动，致使各国能源朝着更加稳定、高效的方向发展。

第三节　研究展望

由于数据来源以及研究方法等方面的原因，本书的研究还有待进一步深入和提高。主要有以下几个方面：

（1）由于数据收集的局限性，本书仅分析了2005~2019年中国30个省份能源强度的变动情况。缺乏对各个区域的比较研究，可以深入区域的各市（区）进行细致的研究。进一步探索影响各个区域能源强度的驱动因素。

（2）本书在研究影响我国省域能源强度影响因素时，仅考虑了经济发展水平、能源结构、产业结构、技术进步水平、能源价格、外商直接投资和城镇化水平对能源强度的影响，但实际上，影响能源强度的因素还有很多，如固定资产投资、人工智能发展等，后续可以补充这些因素对能源强度的影响。

（3）可以选择多种方式确定空间权重矩阵，本书仅采用了空间邻接关系成立空间权重矩阵，并未考虑经济发展水平、人力资本水平等对权重的影响，那么如何科学有效地制定空间权重系数有待进一步研究。

参考文献

▲ 中文文献

[1] 柴智慧. 农业保险的收入效应、信息不对称风险——基于内蒙古的实证研究 [D]. 呼和浩特：内蒙古农业大学，2014：110 - 120.

[2] 陈安宁. 空间计量学入门与 Geoda 软件应用 [M]. 杭州：浙江大学出版社，2014.

[3] 陈迅，王春宝，张勇，蒲勇健. 中国地区能源强度与经济的同步收敛性研究 [J]. 管理工程学报，2016，30 (3)：216 - 223.

[4] 邓锴. 收入质量对中西部农户贷款行为影响研究 [D]. 咸阳：西北农林科技大学，2014：88 - 116.

[5] 东方社奇、杨瑞霞. 中国产业结构变动与能源消费关系研究 [J]. 统计与信息论坛. 2010，7 (2)：30 - 35.

[6] 樊茂清，任若恩，陈高才. 技术变化、要素替代和贸易对能源强度影响的实证研究 [J]. 经济学（季刊），2009 (9)：237 - 258.

[7] 范德成，王韶华，张伟. 基于粗糙集理论的能源结构合理度分析 [J]. 统计与信息论坛，2012，27 (2)：35 - 42.

[8] 范吉成. 中国能源强度的空间异质性及其影响因素研究 [J]. 科技和产业，2019，19 (02)：72 - 77.

[9] 冯俏彬，贾康. 我国供给侧改革的背景、理论模型与实施路径 [J]. 经济学动态，2017 (7)：35 - 43.

[10] 冯永晟，张娅，刘自敏. 能源价格、技术进步与能源强度——基于中国城市数据的动态时空演化 [J]. 城市与环境研究，2020 (3)：69 - 92.

[11] 付云鹏，马树才，宋琪．中国区域碳排放强度的空间计量分析 [J]．统计研究，2015，32 (6)：67 – 73．

[12] 高彩玲，麻冰涓，田采霞．河南省能源强度下降的驱动因素分析——基于 LMDI 方法 [J]．资源开发与市场，2014，30 (12)：1458 – 1462．

[13] 高铁梅，王金明，梁云芳，等．计量经济分析方法与建模 [M]．北京：清华大学出版社，2009．

[14] 高远东．中国区域经济增长的空间计量研究 [D]．重庆：重庆大学，2010．

[15] 高振宇，王益．我国生产用能源消费变动的分解分析 [J]．统计研究，2007 (3)：52 – 57．

[16] 耿诺，王高尚．我国能源效率分析 [J]．中国能源，2008 (07)：32 – 36．

[17] 郭承龙，张智光．长三角能源强度收敛性研究 [J]．科技管理研究，2018，38 (20)：262 – 267．

[18] 郭鹏辉．中国大陆省市经济增长收敛性的空间计量经济分析 [J]．经济与管理，2009，23 (3)：5 – 8．

[19] 国涓．中国能源强度变动的成因及效应研究 [D]．大连：大连理工大学，2010．

[20] 韩国高等．中国制造业产能过剩的测度、波动及成因研究 [J]．经济研究，2011 (12)．

[21] 韩楠，于维洋．中国工业废气排放的空间特征及其影响因素研究 [J]．地理科学，2016，36 (2)：196 – 203．

[22] 韩松，张宝生，唐旭，齐帅，孟繁妍．中国能源强度变化的驱动因素分析——基于对数平均迪氏指数方法 [J]．当代经济科学，2016，38 (5)：89 – 98，127．

[23] 杭雷鸣，屠梅曾．能源价格对能源强度的影响——以国内制造业为例 [J]．数量经济技术经济研究，2006 (12)：93 – 100．

[24] 杭雷鸣．我国能源消费结构问题研究 [D]．上海：上海交通

大学，2007.

[25] 何建华. 吸收能力视角下技术进步对我国能源强度的影响研究 [D]. 北京：中国地质大学，2018.

[26] 何建坤，张希良. 我国产业结构变化对 GDP 能源强度上升的影响及趋势分析 [J]. 环境保护，2005（12）：37－41.

[27] 何建武，李善同. 近年来经济增长对于环境影响的因素分析 [J]. 发展研究，2008（8）：6－11.

[28] 洪银兴. 准确认识供给侧结构性改革的目标和任务 [J]. 中国工业经济，2016（6）：14－21.

[29] 胡鞍钢，管清友. 中国应对全球气候变化 [M]. 北京：清华大学出版社，2009.

[30] 胡鞍钢，周绍杰，任皓. 供给侧结构性改革——适应和引领中国经济新常态 [J]. 清华大学学报（哲学社会科学版），2016，31（2）：17－22.

[31] 胡秋阳. 回弹效应与能源效率政策的重点产业选择 [J]. 经济研究，2014（2）：129－138.

[32] 胡玉敏，杜纲. 中国各省区能源消耗强度趋同的空间计量研究 [J]. 统计与决策，2009（11）：95－96.

[33] 姜磊，季民河. 我国能源强度空间分布的集聚性分析 [J]. 财经科学，2012（2）：119－124.

[34] 蒋金荷. 提高能源效率与经济结构调整的策略分析 [J]. 数量经济技术经济研究，2004（10）：16－23.

[35] 蒋伟. 中国省域城市化水平影响因素的空间计量分析 [J]. 经济地理，2009，29（4）：614－617.

[36] 靖学青. 城镇化进程与西部地区能源强度——基于1996－2011年省级面板数据的实证分析 [J]. 中国人口·资源与环境，2014，24（S3）：261－264.

[37] 孔婷，孙林岩，何哲. 中国工业能源消耗强度的区域差异 [J]. 资源科学，2010，32（7）：1222－1229.

[38] 李博. 中国能源强度差异与影响因素效应的分解研究 [J]. 软科学, 2015, 29 (5): 130 - 134.

[39] 李力, 洪雪飞. 能源碳排放与环境污染空间效应研究——基于能源强度与技术进步视角的空间杜宾计量模型 [J]. 工业技术经济, 2017 (9): 67 - 74.

[40] 李玲, 张俊荣, 汤铃, 余乐安. 我国能源强度变动的影响因素分析——基于 SDA 分解技术 [J]. 中国管理科学, 2017, 25 (9): 125 - 132.

[41] 李善同, 许召元. 中国各地区能源强度差异的因素分解 [J]. 中外能源, 2009, 14 (8): 1 - 10.

[42] 李双杰, 李春琦. 全要素能源效率测度方法的修正设计与应用 [J]. 数量经济技术经济研究, 2018, 35 (9): 110 - 125.

[43] 李颖. 安徽省 FDI 对能源消费强度影响研究 [J]. 绿色科技, 2018 (16): 290 - 292.

[44] 李玉婷, 孟翡, 刘祥艳. 中国能源强度变化的轨迹及原因——基于省级面板数据的分析 [J]. 城市问题, 2016 (08): 67 - 72.

[45] 李治, 郭菊娥, 李培. 中国城市群 "圈层" 结构对能源强度影响实证 [J]. 中国人口·资源与环境, 2014, 24 (11): 26 - 32.

[46] 李智, 董陆然. 我国化石能源的能源强度变动——基于费雪指数法的研究 [J]. 商业经济研究, 2016 (09): 177 - 179.

[47] 梁平, 梁彭勇, 董宇翔. 我国农业保险对农民收入影响的经验研究 [J]. 管理现代化, 2008 (1): 46 - 48.

[48] 廖敬文, 侯景新. 中国能源强度区域特征、空间效应与区域差异 [J]. 内蒙古社会科学 (汉文版), 2019, 40 (3): 148 - 156.

[49] 林伯强, 杜克锐. 理解中国能源强度的变化: 一个综合的分解框架 [J]. 世界经济, 2014 (4): 69 - 87.

[50] 林伯强, 吴微. 全球能源效率的演变与启示——基于全球投入产出数据的 SDA 分解与实证研究 [J]. 经济学 (季刊), 2020, 19 (2): 663 - 684.

[51] 林光平, 龙志和, 吴梅. 我国地区经济收敛的空间计量实证分析: 1978—2002 年 [J]. 经济学, 2005 (1): 71-86.

[52] 刘畅, 崔艳红. 中国能源消耗强度区域差异的动态关系比较研究 [J]. 中国工业经济, 2008 (4): 34-43.

[53] 刘畅, 孔宪丽, 高铁梅. 中国能源消耗强度变动机制与价格非对称效应研究 [J]. 中国工业经济, 2009 (3): 59-70.

[54] 刘慧慧, 许超. 偏向性技术进步下中国能源强度变动研究 [J]. 科技管理研究, 2020, 40 (8): 251-259.

[55] 刘似臣, 秦泽西. 技术进步对我国能源强度影响的实证分析 [J]. 大连理工大学学报 (社会科学版), 2013 (3): 48-52.

[56] 刘阳. 中国石油消费强度收敛机制的区域差异分析 [J]. 数量经济研究, 2016, 7 (1): 105-119.

[57] 刘阳. 中国石油消费强度收敛性及成因分析 [D]. 长春: 吉林大学, 2015.

[58] 刘亦文, 张勇军, 胡宗义. 能源技术空间溢出效应对省域能源消费强度差异的影响分析 [J]. 软科学, 2016, 30 (3): 46-49.

[59] 路正南. 产业结构调整对我国能源消费影响的实证分析 [J]. 数量经济技术经济研究, 1999 (12): 53-55.

[60] 罗良文, 梁圣蓉. 论新常态下中国供给侧结构性动力机制的优化 [J]. 新疆师范大学学报 (哲学社会科学版), 2016, 37 (2): 28-36.

[61] 罗若愚, 张龙鹏. 地方政府竞争、产业转移与我国西部经济增长 [J]. 理论探讨, 2013 (3): 91-94.

[62] 马骊. 空间统计与空间计量经济方法在经济研究中的应用 [J]. 统计与决策, 2007 (19): 29-31.

[63] 马晓钰, 李强谊, 韩源源. 中国能源强度收敛性的理论与实证分析 [J]. 科技管理研究, 2015, 35 (21): 229-235.

[64] 齐绍洲, 方扬, 李锴. FDI 知识溢出效应对中国能源强度的区域性影响 [J]. 世界经济研究, 2011 (11): 69-74.

[65] 齐绍洲. 开放条件下的技术进步、要素替代和中国能源强度分解 [J]. 世界经济研究, 2013 (9): 3 - 9, 87.

[66] 齐绍洲, 李锴. 区域部门经济增长与能源强度差异收敛分析 [J]. 经济研究, 2010, 45 (2): 109 - 122.

[67] 齐绍洲, 罗威. 中国地区经济增长与能源消耗强度差异分析 [J]. 经济研究, 2007 (7): 74 - 81.

[68] 齐绍洲, 云波, 李锴. 中国经济增长与能源消费强度差异的收敛性及机理分析 [J]. 经济研究, 2009, 44 (04): 56 - 64.

[69] 齐志新, 陈文颖. 结构调整还是技术进步?——改革开放后我国能源效率提高的因素分析 [J]. 上海经济研究, 2006 (2): 8 - 16.

[70] 钱冬, 郭菊娥, 薛勇, 安尼瓦尔·阿木提. 新疆能源强度影响因素及其治理策略 [J]. 中国人口·资源与环境, 2012, 22 (5): 139 - 146.

[71] 邱寿丰. 中国能源强度变化的区域影响分析 [J]. 数量经济技术经济研究, 2008 (12): 37 - 48.

[72] 冉启英, 徐丽娜. 异质性 R&D、政府支持与能源强度 [J]. 科技管理研究, 2020, 40 (5): 224 - 232.

[73] 任英华, 徐玲, 游万海. 金融集聚影响因素空间计量模型及其应用 [J]. 数量经济技术经济研究, 2010 (5): 104 - 115.

[74] 戎爱萍. 贷款对农户收入影响分析 [J]. 经济问题, 2013 (11): 111 - 115.

[75] 邵帅等. 中国雾霾污染治理的经济政策选择——基于空间溢出效应的视角 [J]. 经济研究, 2016 (9): 73 - 88.

[76] 邵帅, 杨莉莉, 黄涛. 能源回弹效应的理论模型与中国经验 [J]. 经济研究, 2013, 48 (2): 96 - 109.

[77] 沈体雁, 冯等田, 孙铁山. 空间计量经济学 [M]. 北京: 北京大学出版社, 2010.

[78] 沈炜珍. 新疆生产建设兵团统计年鉴2005 [M]. 北京: 中国统计出版社, 2006.

[79] 沈小波，陈语，林伯强. 技术进步和产业结构扭曲对中国能源强度的影响 [J]. 经济研究，2021，56 (2)：157 – 173.

[80] 施发启. 对我国能源消费弹性系数变化及成因的初步分析 [J]. 统计研究，2005 (5)：8 – 10.

[81] 宋枫，王丽丽. 中国能源强度变动趋势及省际差异分析 [J]. 资源科学，2012，34 (1)：13 – 19.

[82] 苏方林. 省域 R&D 知识溢出的 GWR 实证分析 [J]. 数量经济技术经济研究，2007 (2).

[83] 苏素，王波志. FDI 与中国省际能源消费强度间关系的动态分析 [J]. 技术经济，2011 (10)：66 – 71.

[84] 孙海. FDI 对我国能源消耗强度作用的渠道分析 [J]. 管理科学，2009 (3)：180 – 184.

[85] 孙朋，陈盛伟. 山东省农业保险与农民收入关系的实证分析 [J]. 山东农业大学学报（社会科学版），2011 (3)：82 – 87.

[86] 孙庆刚，郭菊娥，师博. 中国省域间能源强度空间溢出效应分析 [J]. 中国人口·资源与环境，2013，23 (11)：137 – 143.

[87] 孙学英. 中国能源消费地区差异的特征分析 [J]. 统计与信息论坛，2011，26 (4)：52 – 55.

[88] 谭朵朵. 中国省域保险业发展影响因素的空间计量分析 [J]. 统计与信息论坛，2011，26 (1)：37 – 43.

[89] 唐建荣，贾梨凉. 能源价格与能源强度的耦合与内聚研究 [J]. 软科学，2015 (5)：125 – 129.

[90] 唐晓华，刘相锋. 能源强度与中国制造业产业结构优化实证 [J]. 中国人口·资源与环境，2016，26 (10)：78 – 85.

[91] 滕玉华. 自主研发、技术引进与能源消耗强度——基于中国工业行业的实证分析 [J]. 中国人口·资源与环境，2011，21 (7)：169 – 174.

[92] 童馨乐. 农户借贷行为及其对收入的影响研究 [M]. 南京：南京大学出版社，2013.

［93］王春宝，陈迅．技术进步、经济结构调整与能源强度收敛性［J］．山西财经大学学报，2017，39（4）：76－87．

［94］王赫奕，王义保．供给侧改革的动因与规制研究：基于政府与市场的博弈关系［J］．中国软科学，2018（3）：76－85．

［95］王火根，沈利生．中国经济增长与能源消费空间面板分析［J］．数量经济技术经济研究，2007（12）：98－107．

［96］王良虎，王钊．长江经济带能源强度收敛性研究［J］．工业技术经济，2020，39（11）：35－43．

［97］王韶华，张伟．京津冀能源强度的空间特征及供给侧降耗路径研究［J］．技术经济，2019，38（9）：113－120．

［98］王霞，淳伟德．我国能源强度变化的影响因素分析及其实证研究［J］．统计研究，2010，27（10）：71－74．

［99］王新民等．低碳经济百问［M］．北京：中国建筑工业出版社，2010．

［100］王瑛，何艳芬．中国省域二氧化碳排放的时空格局及影响因素［J］．世界地理研究，2020，29（3）：512－522．

［101］魏巍贤，王锋．能源强度收敛：对发达国家与发展中国家的检验［J］．中国人口·资源与环境，2010，20（1）：4－10．

［102］邬琼．我国电力强度变化的影响因素研究［J］．中国能源，2018，40（08）：38－42．

［103］吴建新等．中国省际能源强度的分布动态演进及其成因［J］．中国人口·资源与环境，2018（2）：36－47．

［104］吴巧生，成金华．中国工业化中的能源消耗强度变动及因素分析——基于分解模型的实证分析［J］．财经研究，2006（6）：75－85．

［105］吴玉鸣．中国省域经济增长趋同的空间计量经济分析［J］．数量经济技术经济研究，2006（12）：101－108．

［106］夏晨霞，王子龙．基于BP结构突变的中国能源强度及因素分解研究［J］．中国人口·资源与环境，2018，28（2）：28－35．

[107] 肖宏伟，易丹辉，周明勇．中国工业电力消费强度行业波动及差别电价政策效果 [J]．山西财经大学学报，2013，35 (02)：44-55.

[108] 徐建中，王曼曼．绿色技术创新、环境规制与能源强度——基于中国制造业的实证分析 [J]．科学学研究，2018，36 (4)：744-753.

[109] 徐康宁等．中国经济增长的真实性：基于全球夜间灯光数据的检验 [J]．经济研究，2015 (9)：17-29.

[110] 徐铭辰，王安建，陈其慎，杜雪明．中国能源消费强度趋势分析 [J]．地球学报，2010，31 (5)：720-726.

[111] 徐如浓，吴玉鸣．中国省域能源强度的趋同性研究 [J]．统计与决策，2019，35 (22)：122-126.

[112] 杨春玲，周肖肖．农民农业收入影响因素的实证分析 [J]．财经论丛，2010 (2)：13-17.

[113] 杨红亮，史丹．能效研究方法和中国各地区能源效率的比较 [J]．经济理论与经济管理，2008 (3)：12-20.

[114] 姚小剑，党静．中国制造业集聚对能源强度的门槛效应研究 [J]．当代经济，2019 (02)：108-109.

[115] 叶翠红，赵玉林．基于尖点突变模型的中国省域能源强度差异的实证分析 [J]．中国科技论坛，2014 (10)：132-137.

[116] 易罗婕等．从经济增长的角度探究教育支出的溢出效应 [J]．湖南社会科学，2014 (2)：172-174.

[117] 袁海．中国文化产业区域差异的空间计量分析 [J]．统计与信息论坛，2011，26 (2)：65-71.

[118] 袁梁，王军．对中国各地区能源强度空间影响的实证研究 [J]．统计与信息论坛，2011，26 (6)：71-77.

[119] 袁晓玲，屈小娥．中国地区能源消费差异及影响因素分析 [J]．商业经济与管理，2009，21 (5)：58-64.

[120] 张翠菊．中国碳排放强度影响因素、收敛性及溢出性研究 [D]．重庆：重庆大学，2016.

[121] 张丹. 我国工业部门能源消费强度特征分析及分解 [J]. 广州城市职业学院学报, 2009, 3 (3): 71-78.

[122] 张华, 丰超. 扩散还是回流: 能源效率空间交互效应的识别与解析 [J]. 山西财经大学学报, 2015 (5): 50-62.

[123] 张华明, 王瑜鑫, 张聪聪. 中国省域能源强度趋同俱乐部存在性及影响因素分析 [J]. 长江流域资源与环境, 2017, 26 (5): 657-666.

[124] 张继红, 吴玉鸣, 何建坤. 专利创新与区域经济增长关联机制的空间计量经济分析 [J]. 科学学与科学技术管理, 2007 (1): 83-89.

[125] 张建军, 许承明. 农业信贷与保险互联影响农户收入研究——基于苏鄂两省调研数据 [J]. 财贸研究, 2013, (5): 55-60.

[126] 张军, 高远. 官员任期、异地交流与经济增长——来自省级经验的证据 [J]. 经济研究, 2007 (11): 91-103.

[127] 张瑞, 陈雪, 孙夏令. 环境规制、经济多样性与能源强度——基于省际面板数据的实证分析 [J]. 商业研究, 2021 (1): 24-31.

[128] 张瑞, 丁日佳. 工业化、城市化对能源强度的影响——基于我国省际动态面板数据的实证研究 [J]. 经济问题探索, 2015 (1): 11-15, 95.

[129] 张瑞, 丁日佳, 尹岚岚. 中国产业结构变动对能源强度的影响 [J]. 统计与决策, 2007 (5): 73-74.

[130] 张伟, 朱启贵. 基于LMDI的我国工业能源强度变动的因素分解 [J]. 管理评论, 2012 (9): 26-34.

[131] 张贤, 周勇. 外商直接投资对我国能源强度的空间效应分析 [J]. 数量经济技术经济研究, 2007 (1): 101-108.

[132] 张晓平. 中国能源消费强度的区域差异及影响因素分析 [J]. 资源科学, 2008, 30 (6): 883-888.

[133] 张毅, 张恒奇, 欧阳斌, 等. 绿色低碳交通与产业结构的关联分析及能源强度的趋势预测 [J]. 中国人口·资源与环境, 2014, 24

(S3)：5-9.

[134] 张勇军，刘灿，胡宗义. 我国能源消耗强度收敛性区域差异与影响因素分析 [J]. 现代财经（天津财经大学学报），2015，35（5）：31-41.

[135] 张云伟，韩增林. 我国能源消费强度的时空差异研究 [J]. 国土与自然资源研究，2009（3）：51-52.

[136] 张卓元. 深化改革，推进粗放型经济增长方式转变 [J]. 经济研究，2005（11）：4-9.

[137] 张宗成，周猛. 中国经济增长与能源消费的异常关系分析 [J]. 上海经济研究，2004（4）：41-66.

[138] 赵立祥，赵蓉. 经济增长、能源强度与大气污染的关系研究 [J]. 软科学，2019，33（6）：60-66，78.

[139] 赵湘莲，李岩岩，陆敏. 我国能源消费与经济增长的空间计量分析 [J]. 软科学，2012，26（3）：33-38.

[140] 赵新刚等. 产业转移视角下中国能源强度的空间分布特征和收敛性研究 [J]. 工业技术经济，2019（1）：100-108.

[141] 郑长德，刘帅. 基于空间计量经济学的碳排放与经济增长分析 [J]. 中国人口·资源与环境，2011，21（5）：80-86.

[142] 郑若娟，王班班. 中国制造业真实能源强度变化的主导因 [J]. 经济管理，2011（10）：23-32.

[143] 周黎安. 中国地方官员的晋升锦标赛模式研究 [J]. 经济研究，2007（7）：36-50.

[144] 周明磊，陈德金，任荣明. 我国能源强度及其影响因素的空间特征分析 [J]. 统计与决策，2012（21）：130-134.

[145] 周世军，周勤. 中国中西部地区"集聚式"承接东部产业转移了吗？——来自20个两位数制造业的经验证据 [J]. 科学学与科学技术管理，2012（10）：67-79.

[146] 周四军，江秋池. 基于动态SDM的中国区域碳排放强度空间效应研究 [J]. 湖南大学学报（社会科学版），2020，34（1）：40-48.

［147］周稳海，赵桂玲，尹成远. 农业保险发展对农民收入影响的研究——基于动态面板系统 GMM 模型的实证检验［J］. 保险研究，2014（5）：21 -29.

［148］周五七. 能源价格、效率增进及技术进步对工业行业能源强度的异质性影响［J］. 数量经济技术经济研究，2016（2）：130 -143.

［149］朱喜，李子奈. 农户借贷的经济影响：基于 IVQR 模型的实证研究［J］. 系统工程理论与实践，2007（2）：69 -75.

［150］祝仲坤，陶建平. 农业保险对农户收入的影响机理及经验研究［J］. 农村经济，2015（2）：67 -71.

［151］邹艳芬，陆宇海. 基于空间自回归模型的中国能源利用效率区域特征分析［J］. 统计研究，2005（10）：76 -81.

▲ 英文文献

［1］Abramovitz M. Catching up, Forging ahead and falling behind［J］. Journal of Economic History, 1986, 46（2）：385 -406.

［2］Alam M M, Murad M W, Noman A H M, et al. Relationships among carbon emissions, economic growth, energy consumption and population growth：Testing Environmental Kuznets Curve hypothesis for Brazil, China, India and Indonesia［J］. Ecological Indicators, 2016（70）：466 - 479.

［3］Ali Hasanbeigi, Stephane de la Rue Du Can, Jayant A Sathaye. Analysis and decomposition of the energy intensity of industries in California［J］. Energy Policy, 2012, 46：234 -245.

［4］Alper A, Onur G. Environmental Kuznets curve hypothesis for sub-elements of the carbon emissions in China［J］. Natural Hazards, 2016, 82（2）：1327 -1340.

［5］Ang B W. The LMDI approach to decomposition analysis：a practical guide［J］. Energy Policy, 2005, 33（7）：867 -871.

［6］Antonakakis N, Chatziantoniou I, Filis G. Energy consumption, CO_2, emissions, and economic growth：An ethical dilemma［J］. Renewable &

Sustainable Energy Reviews, 2017, 68 (Part 1): 808 – 824.

[7] Apergis N, Payne J E. Coal consumption and economic growth: Evidence from a panel of OECD countries [J]. Energy Policy, 2010, 38 (3): 1353 – 1359.

[8] Asami Miketa , Peter Mulder. Energy productivity across developed and developing countries in 10 manufacturing sectors: Patterns of growth and convergence [J]. Energy Economics, 2005, 27 (3) : 429 – 453.

[9] Ayres R U, Ayres L W and Warr B. Energy, Power and Work in The US Economy, 1900 – 1998 [J]. Energy, 2003, 28 (3): 219 – 273.

[10] Bass F M. A new product growth model for consumer durables [J]. Management Science, 1969, 15 (5): 215 – 227.

[11] Bentzen J. Estimating the rebound effect in US manufacturing energy consumption [J]. Energy Economics, 2004, 26 (1): 123 – 134.

[12] Berndt E R, Wood D O. Technology, Prices, and the Derived Demand for Energy [J]. Review of Economics & Statistics, 1975, 57 (3): 259 – 268.

[13] Bhattacharya M, Rafiq S, Bhattacharya S. The role of technology on the dynamics of coal consumption-economic growth: New evidence from China [J]. Applied Energy, 2015 (154): 686 – 695.

[14] Binswanger M. Technological progress and sustainable development: what about the rebound effect? [J]. Ecological Economics, 2001, 36 (1): 119 – 132.

[15] Birol F, Keppler J H. Prices, technology development and the Rebound Effect [J]. Energy Polic, 2000, 28 (7): 457 – 469.

[16] Blomstrom M, Kokko A. Human Capital and inward FDI [J]. CEPR Working Paper, 2004 (1): 167.

[17] Brookes L G. Energy efficiency and economic fallacies: a reply [J]. Energy Policy, 1992, 20 (5): 390 – 392.

[18] Chan K S. Limiting properties of the least squares estimator of a

continuous threshold autoregressive model [J]. Biometrika, 1998, 85 (2): 413 – 426.

[19] Chen Y, Cook W D, Du J, et al. Bounded and discrete data and Likert scales in data envelopment analysis: application to regional energy efficiency in China [J]. Annals of Operations Research, 2015, 255 (1 – 2): 347 – 366.

[20] Choi K H, Ang B W. Decomposition of aggregate energy intensity changes in two measures: ratio and difference [J]. Energy Ecomomics, 2003, 25 (6): 615 – 624.

[21] Cohen W M and Levinthal D A. Absorptive capacity: A new perspective on learning and innovation [J]. Administrative Science Quarterly, 1990 (35): 128 – 152.

[22] Cole M A, Elliott R J R, Okubo T, et al. The carbon dioxide emissions of firms: A spatial analysis [J]. Journal of Environmental Economics and Management, 2012 (16): 1 – 44.

[23] Dahlman C J, Nelson R. Social absorption capability, national innovation systems and economic development [M]. Palgrave Macmillan UK, 1995.

[24] Dalton M, O'Neill B, Prskawetz A, et al. Population aging and future carbon emissions in the United States [J]. Energy Economics, 2008, 30 (2): 642 – 675.

[25] Daly H E. Reply to Solow/Stiglitz [J]. Ecological Economics, 1996, 22 (3): 271 – 273.

[26] Duro J A. The international distribution of energy intensities: some synthetic results [J]. Energy Policy, 2015, 83 (2): 257 – 266.

[27] Eastwood R K. Macroeconomic impacts of energy shocks [J]. Oxford Economic Papers, 1992, 44 (3): 403 – 425.

[28] Esso L J, Keho Y. Energy consumption, economic growth and carbon emissions: Cointegration and causality evidence from selected African

countries [J]. Energy, 2016 (114): 492 –497.

[29] Fagerberg J. Technological progress, structural change and pro-ductivity growth: a comparative study [J]. Structural Change & Economic Dynamics, 2000, 11 (4): 393 –411.

[30] Filipović S, Verbič M, Radovanović M. Determinants of energy intensity in the European Union: A panel data analysis [J]. Energy, 2015, 92: 547 –555.

[31] Fisher-Vanden K, Gary H, Jefferson M, Jing K, et al. Tech-nology development and energy productivity in China [J]. Energy Econom-ics, 2006 (28): 690 –705.

[32] Gandhi O, Oshiro A H, de Medeiros Costa H K, Santos E M. Energy intensity trend explained for Sao Paulo state [J]. Renewable and Sustainable Energy Reviews, 2017, 77: 1046 –1054.

[33] Gene M G, Alan B K. Economic growth and the environment [R]. NBER Working Papers, 1994.

[34] Girma S. Absorptive capacity and productivity spillovers from FDI: A threshold regression analysis [J]. Oxford Bulletin of Economics & Statis-tics, 2010, 67 (3): 281 –306.

[35] González P F. Exploring energy efficiency in several European countries. An attribution analysis of the divisia structural change index [J]. Applied Energy, 2015 (137): 364 –374.

[36] Greening L A, Greene D L, Difiglio D. Energy efficiency and consumption-the rebound effect-a survey [J]. Energy Policy, 2000, 28 (6 –7): 389 –401.

[37] Griffin J M, Gregory P R. An intercountry translog model of ener-gy substitution responses [J]. American Economic Review, 1976, 66 (5): 845 –857.

[38] Grimaud A, Rouge L. Non-renewable resources and growth with vertical innovations: optimum, equilibrium and economic policies [J]. Jour-

nal of Environmental Economics & Management, 2003, 45 (2): 433 – 453.

[39] Grossman G M, Helpman E. Innovation and growth in the global economy [J]. MIT Press Books, 1991, 1 (2): 323 – 324.

[40] Grossman G M, Krueger A B. Economic growth and the environment [M]. Springer Netherlands, 1995.

[41] Hadi Dowlatabadi and Matthew A. Oravetz. US long-term energy intensity: Backcast and projection [J]. Energy Policy, 2005, 34 (17): 3245 – 3256.

[42] Hansen B E. Sample splitting and threshold estimation [J]. Econometrica, 2000, 68 (3): 575 – 603.

[43] Hansen B E. Threshold effects in non-dynamic panels: Estimation, testing, and inference [J]. Journal of Econometrics, 1999, 93 (2): 345 – 368.

[44] Han Y, Geng Z, Zhu Q, et al. Energy efficiency analysis method based on fuzzy DEA cross-model for ethylene production systems in chemical industry [J]. Energy, 2015 (83): 685 – 695.

[45] Hao Y, Zhang Z Y, Liao H, et al. China's farewell to coal: A forecast of coal consumption through 2020 [J]. Energy Policy, 2015, 86 (6): 444 – 455.

[46] Hasanbeigi A, du Can SdlR, Sathaye J. Analysis and decomposition of the energy intensity of California industries [J]. Energy Policy, 2012, 46: 234 – 245.

[47] Hassan Dargahi and Kazem Biabany Khameneh. Energy intensity determinants in an energy-exporting developing economy: Case of Iran [J]. Energy, 2019, 168: 1031 – 1044.

[48] Helliwel J. Empirical linkage between democracy and economics growth [J]. NBER Working, 1992: 40 – 66.

[49] He Tianli, Li Zhongdong, He Lin. On the relationship between

energy intensity and industrial structure in China [J]. Energy Procedia, 2011, 5: 2499 – 2503.

[50] Hotelling H. The economics of exhaustible resources [J]. Journal of Political Economy, 1931, 39 (2): 137 – 175.

[51] Howarth R B. Energy efficiency and economic growth [J]. Contemporary Economic Policy, 1997, 15 (4): 1 – 9.

[52] Huang J P. Industrial energy use and structural change: A case study of the people's republic of China [J]. Energy Economics, 1993 (15): 131 – 136.

[53] Hudson E A, Jorgenson D W. U. S. energy policy and economic growth, 1975 – 2000 [J]. Bell Journal of Economics & Management Science, 1974, 5 (2): 461 – 514.

[54] Hu J L, Kao C H. Efficient energy-saving targets for APEC economies [J]. Energy Policy, 2007, 35 (1): 373 – 382.

[55] Hu J L, Wang S C. Total factor energy efficiency of regions in China [J]. Energy Policy, 2006 (34): 3206 – 3217.

[56] Jan C, Samuel F. The energy intensity of transition countries [J]. Energy Economics, 2004, 26 (3): 283 – 295.

[57] Jebli M B, Youssef S B, Ozturk I. Testing environmental Kuznets curve hypothesis: The role of renewable and non-renewable energy consumption and trade in OECD countries [J]. Ecological Indicators, 2016 (60): 824 – 831.

[58] Jin T, Kim J. Relationship between coal consumption and economic growth for OECD and non-OECD countries [J]. Geosystem Engineering, 2016, 19 (1): 48 – 56.

[59] Jose G, Luiz T P. The decline of sectorial components of the world's energy intensity [J]. Energy Policy, 2013 (54): 62 – 65.

[60] Kang-Yin D, Ren J, et al. A review of China's energy consumption structure and outlook based on a long-range energy alternatives modeling

tool [J]. Petroleum Science, 2017, 14 (1): 214 – 227.

[61] Karimu A, Brännlund R, Lundgren T, Söderholm P. Energy intensity and convergence in Swedish industry: A combined econometric and decomposition analysis [J]. Energy Economics, 2017, 62: 347 – 56.

[62] Katja S, Ronald D. Sands. Where are the industrial technologies in energy-economy models? An innovative CGE approach for steel production in Germany [J]. Energy Economics, 2007 (29): 799 – 825.

[63] Khazzoom J D. Energy saving resulting from the adoption of more efficient appliances [J]. Energy Journal, 1987, 8 (4): 85 – 89.

[64] Kim L. Crisis and organizational learning: Capability building in catching-up at hyundai motor [J]. Organization Science, 1998, 9 (4): 506 – 521.

[65] Ko Y, Radke J D. The effect of urban form and residential cooling energy use in Sacramento, California [J]. Environment & Planning B Planning & Design, 2014, 41 (4): 573 – 593.

[66] Kumar S, Raizada A, Biswas H, et al. Assessing the impact of watershed development on energy efficiency in groundnut production using DEA approach in the semi-arid tropics of southern India [J]. Current Science, 2015, 109 (10): 1831 – 1837.

[67] Lane P J, Lubatkin M. Relative absorptive capacity and interorganizational learning [J]. Strategic Management Journal, 1998, 19 (2): 461 – 477.

[68] Larivière I, Lafrance G. Modelling the electricity consumption of cities: effect of urban density [J]. Energy Economics, 1999, 21 (1): 53 – 66.

[69] Leimbach M, Baumstark L. The impact of capital trade and technological spillovers on climate policies: Model analysis with REMIND-S [J]. Ecomod, 2007, 69 (12): 2341 – 2355.

[70] Liddle B. Revisiting world energy intensity convergence for region-

al differences [J]. Applied Energy, 2010, 87 (10): 3218 – 3225.

[71] Li D Q, Wang D Y. Decomposition analysis of energy consumption for an freeway during its operation period: A case study for Guangdong, China [J]. Energy, 2016 (97): 296 – 305.

[72] Li K, Lin B. The improvement gap in energy intensity: Analysis of China's thirty provincial regions using the improved DEA (data envelopment analysis) model [J]. Energy, 2015 (84): 589 – 599.

[73] Lin Z, Xu M, Liang S, et al. Revisiting drivers of energy intensity in China during 1997 – 2007: A structural decomposition analysis [J]. Energy Policy, 2014, 67 (2): 640 – 647.

[74] Liu W, Li H. Improving energy consumption structure: A comprehensive assessment of fossil energy subsidies reform in China [J]. Energy Policy, 2011, 39 (7): 4134 – 4143.

[75] Liu Y, Wang K. Energy efficiency of China's industry sector: An adjusted network DEA (data envelopment analysis)-based decomposition analysis [J]. Energy, 2015 (93): 1328 – 1337.

[76] Luisa R B. The spatial interdependence of FDI in Latin America [J]. World Development, 2012, 37 (7): 1337 – 1351.

[77] Mai C P, Lian S Q, Niu S W, et al. Analysis of the energy consumption structure and the ambient air quality in Gansu Province. [J]. Journal of Post Keynesian Economics, 2014, 25 (3): 493 – 513.

[78] Martínez-Zarzoso I, Maruotti A. The impact of urbanization on CO_2, emissions: Evidence from developing countries [J]. Ecological Economics, 2011, 70 (7): 1344 – 1353.

[79] Mbarek M B, Nasreen S, Feki R. The contribution of nuclear energy to economic growth in France: short and long run [J]. Quality & Quantity, 2017, 51 (1): 1 – 20.

[80] Meng F, Su B, Thomson E, et al. Measuring China's regional energy and carbon emission efficiency with DEA models: A survey [J].

Applied Energy, 2016 (183): 1 -21.

[81] Miketa A. Analysis of energy intensity developments in manufacturing sectors in industrialized and developing countries [J]. Energy Policy, 2001, 29 (10): 769 -775.

[82] M. J. Herrerias. World energy intensity convergence revisited: A weighted distribution dynamics approach [J]. Energy Policy, 2012, 49 : 383 -399.

[83] Mowery D C, Oxley J E. Inward technology transfer and competitiveness: The role of National Innovation Systems [J]. Cambridge Journal of Economics, 1995, 19 (1): 67 -93.

[84] Mukherjee K. Measuring energy efficiency in the context of an emerging economy: The case of Indian manufacturing [J]. European Journal of Operational Research, 2010 (3): 933 -941.

[85] Nebojsa Nakicenovic, Arnulf Grubler, Alan MacDonald (Eds). Global energy perspectives [M]. United Kingdom: Cambridge University Press, 1998.

[86] Naser H. Analysing the long-run relationship among oil market, nuclear energy consumption, and economic growth: An evidence from emerging economies [J]. Energy, 2015 (89): 421 -434.

[87] Otavio M, José G. Foreign direct investment and decoupling between energy and gross domestic product in developing countries [J]. Energy Policy, 2002.

[88] Ozturk I, Al-Mulali U. Natural gas consumption and economic growth nexus: Panel data analysis for GCC countries [J]. Renewable & Sustainable Energy Reviews, 2015 (51): 998 -1003.

[89] Parikh J, Shukla V. Urbanization, energy use and greenhouse effects in economic development: Results from a cross-national study of developing countries [J]. Angewandte Chemie, 1995, 54 (13): 3932 -3936.

[90] Patterson M G. What is energy efficiency?: Concepts, indicators

and methodological issues [J]. Energy Policy, 1996, 24 (5): 377 – 390.

[91] Perry S. Financial development and energy consumption in Central and Eastern European frontier economies [J]. Energy Policy, 2011, 39 (2): 999 – 1006.

[92] Peter M, Henri L F G. Structural change and convergence of energy intensity across OECD countries, 1970 – 2005 [J]. Energy Economics, 2012, 34 (6): 1910 – 1921.

[93] Peter Mulder and Henri L. F. de Groot. Structural change and convergence of energy intensity across OECD countries, 1970 – 2005 [J]. Energy Economics, 2012, 34 (6) : 1910 – 1921.

[94] Phillip L. Economic considerations in the framework of sustainable development initiatives in Africa [R]. Center for Economic Research on Africa Working Paper, 1998.

[95] Poumanyvong P, Kaneko S. Does urbanization lead to less energy use and lower CO_2 emissions? A cross-country analysis [J]. Ecological Economics, 2010, 70 (2): 434 – 444.

[96] Rafindadi A A. Revisiting the concept of environmental Kuznets curve in period of energy disaster and deteriorating income: Empirical evidence from Japan [J]. Energy Policy, 2016 (94): 274 – 284.

[97] Reddy B S, Ray B K. Decomposition of energy consumption and energy intensity in Indian manufacturing industries [J]. Energy for Sustainable Development, 2010, 14 (1): 35 – 47.

[98] Roberto E. Distribution dynamics of energy intensity: A cross-country analysis [J]. Energy Policy, 2007, 35 (10): 5254 – 5259.

[99] Ruth A J, Richard S, Thomas M S. Economic development and the structure of the demand for commercial Energy [J]. The Energy Journal, 1999 (20): 30 – 56.

[100] Sadorsky P. Do urbanization and industrialization affect energy intensity in developing countries? [J] Energy Economics, 2013, 37: 52 – 59.

［101］ Sathaye J, Meyers S. Energy Use in Cities of the Developing Countries ［J］. Annual Review of Energy & the Environment, 1985, 10 (1): 109 – 133.

［102］ Satti S L, Hassan M S, Mahmood H, et al. Coal consumption: An alternate energy resource to fuel economic growth in Pakistan ［J］. Economic Modelling, 2014, 36 (1): 282 – 287.

［103］ Saunders H D. Does predicted rebound depend on distinguishing between energy and energy services? ［J］. Energy Policy, 2000, 28 (6): 497 – 500.

［104］ Saunders H D. Fuel conserving (and using) production functions ［J］. Energy Economics, 2008, 30 (5): 2184 – 2235.

［105］ Saunders H D. The Khazzoom-Brookes Postulate and Neoclassical Growth ［J］. Energy Journal, 1992, 13 (4): 131 – 148.

［106］ Shahbaz M, Tiwari A K, Nasir M. The effects of financial development, economic growth, coal consumption and trade openness on CO_2 emissions in South Africa ［J］. Energy Policy, 2013, 61 (10): 1452 – 1459.

［107］ Shenglang Yang, Xunpeng Shi. Intangible capital and sectoral energy intensity: Evidence from 40 economies between 1995 and 2007 ［J］. Energy Policy, 2018, 122 : 118 – 128.

［108］ Shobhakar D. Urban energy use and carbon emissions from cities in China and policy implications ［J］. Energy Policy, 2009, 37 (11): 4208 – 4219.

［109］ Sinton J, Levine M. Changing Energy Intensity in Chinese Industry: The Relative Importance of Structural Shift and Intensity Change ［J］. Energy Policy, 1994, 22 (3): 239 – 255.

［110］ Soham B, Green C. Calculating economy-wide energy intensity decline rate: The role of sectoral output and energy shares ［J］. Energy Policy, 2007, 35 (12): 6457 – 6466.

[111] Soytas U, Sari R. Energy consumption and GDP: causality relationship in G-7 countries and emerging markets [J]. Energy Economics, 2003, 25 (1): 33 – 37.

[112] Stern D I. Energy and economic growth in the USA: A multivariate approach [J]. Energy Economics, 2004, 15 (2): 137 – 150.

[113] Talukdar D, Meisner C M. Does the Private Sector Help or Hurt the Environment? Evidence from Carbon Dioxide Pollution in Developing Countries [J]. World Development, 2001, 29 (5): 827 – 840.

[114] Tang C F, Tan B W, Ozturk I. Energy consumption and economic growth in Vietnam [J]. Renewable & Sustainable Energy Reviews, 2016 (54): 1506 – 1514.

[115] Teece D J. Foreign Investment and Technological Development in Silicon Valley [J]. California Management Review, 1992, 34 (2): 88 – 106.

[116] Temple J. The New Growth Evidence [J]. Journal of Economic Literature, 1999, 37 (1): 112 – 156.

[117] Temple J, Woessmann L. Dualism and Cross-Country Growth Regressions [C] C. E. P. R. Discussion Papers, 2006.

[118] Thompson P, Taylor T G. The Capital-Energy Substitutability Debate: A New Look [J]. Review of Economics & Statistics, 1995, 77 (3): 565 – 569.

[119] Timma L, Zoss T, Blumberga D. Life after the financial crisis. Energy intensity and energy use decomposition on sectorial level in Latvia [J]. Applied Energy, 2015, 162 (00): 1586 – 1592.

[120] Turner K, Hanley N. Energy efficiency, rebound effects and the environmental Kuznets Curve [J]. Energy Economics, 2011, 33 (5): 709 – 720.

[121] Verbič M, Filipović S, Radovanović M. Electricity prices and energy intensity in Europe [J]. Utilities Policy, 2017, 47: 58 – 68.

[122] Wang L, Szirmai A. Productivity growth and structural change in Chinese manufacturing, 1980 – 2002 [J]. Industrial & Corporate Change, 2008, 17 (4): 841 – 874.

[123] Wang Q, Li R. Drivers for energy consumption: A comparative analysis of China and India [J]. Renewable & Sustainable Energy Reviews, 2016 (62): 954 – 962.

[124] Wei C, Song Z, Zhu Z, Chen S H, et al. Controlling for relevant variables: Energy consumption and economic growth nexus revisited in an EGARCH-M (Exponential GARCH-in-Mean) model [J]. Energy, 2016 (109): 391 – 399.

[125] Welsch H, Ochsen C. The determinants of aggregate energy use in West Germany: factor substitution, technological change, and trade [J]. Energy Economics, 2005, 27 (1): 93 – 111.

[126] Wu J, Xiong B, An Q, et al. Total-factor energy efficiency evaluation of Chinese industry by using two-stage DEA model with shared inputs [J]. Annals of Operations Research, 2015: 1 – 20.

[127] Wu Y R. Energy intensity and its determinants in China's regional economies [J]. Energy Policy, 2012 (41): 703 – 711.

[128] Xiongfeng Pan, et al. How do industrialization and trade openness influence energy intensity? Evidence from a path model in case of Bangladesh [J]. Energy Policy, 2019: 133.

[129] Xu J, Zhou M, Li H. The drag effect of coal consumption on economic growth in China during 1953 – 2013 [J]. Resources Conservation & Recycling, 2016: 129.

[130] Yang H Y. Coal Consumption and Economic Growth in Taiwan [J]. Energy Sources, 2000, 22 (2): 109 – 115.

[131] Yong U G, Lee A R. Cointegration, error-correction, and the relationship between GDP and energy: The case of South Korea and Singapore [J]. Resource & Energy Economics, 1998, 20 (1): 17 – 25.

[132] Zahra S A, George G. Absorptive capacity: A review, reconceptualization, and extension [J]. Academy of Management Review, 2002, 27 (2): 185 –203.

[133] Zaidi S, Gmiden S, Saidi K. How energy consumption affects economic development in select African countries [J]. Quality & Quantity, 2017: 1 –13.

[134] Zha D, Zhou D, Ding N. The contribution degree of sub-sectors to structure effect and intensity effects on industry energy intensity in China from 1993 to 2003 [J]. Renewable & Sustainable Energy Reviews, 2009, 13 (4): 895 –902.

[135] Zhang C, Lin Y. Panel estimation for urbanization, energy consumption and CO, emissions: A regional analysis in China [J]. Energy Policy, 2012, 49 (10): 488 –498.

[136] Zhang M, Song Y, Li P, et al. Study on affecting factors of residential energy consumption in urban and rural Jiangsu [J]. Renewable & Sustainable Energy Reviews, 2016 (53): 330 –337.

[137] Zhang M, Song Y, Su B, et al. Decomposing the decoupling indicator between the economic growth and energy consumption in China [J]. Energy Efficiency, 2015, 8 (6): 1231 –1239.

[138] Zhang Z X. Why did the energy intensity fall in China's industrial sector in the 1990s? The relative importance of structural change and intensity change [J]. Energy Economics, 2003, 25 (6): 625 –638.

[139] Zhou D Q, Wu F, Zhou X, et al. Output-specific energy efficiency assessment: A data envelopment analysis approach [J]. Applied Energy, 2016 (5): 117 –126.

[140] Zou G, Chau K W. Short and long-run effects between oil consumption and economic growth in China [J]. Energy Policy, 2006, 34 (18): 3644 –3655.

后　　记

　　本书基于我的博士学位论文，修改完善而成。时光荏苒，转瞬之间，四年的博士生活已然结束，行笔至此，感慨万千。

　　感谢，在辽宁大学经济学院开启了我的博士研学之路；感谢，林木西老师选择了我作为他的学生；感谢，每一位老师和朋友给予我的帮助和鼓励；感谢，家人给予我莫大的支持与力量；感谢，自己的不忘初心和坚持到底。九年前，我以硕士研究生的身份第一次踏入辽宁大学的校门，一切都是那么的新奇和陌生；四年前，我再次回到令我魂牵梦绕的校园，这里的一草一木都能是那么的亲切和熟悉。现在，即将要离开这个培养了我七年的地方，心中不免万般不舍，但辽宁大学明德精学、笃行致强的校训，以及老师们的谆谆教导和同学们的默默陪伴都将是我继续前进的动力。

　　首先，要感谢我的导师林木西教授。林老师治学严谨、学识渊博，平易近人、以身示教，无论是在论文的指导还是在学术的探讨上，都对我倾注了大量的心血和精力。犹记考博那年初见林老师时他对我的教诲，要我打牢基础知识，对于文献要多读广读深读，做好笔记深入思考。我的每一篇论文都经过林老师的悉心修改与打磨，林老师对文章的严格把关、对学术的孜孜以求，都令我心生敬佩。

　　其次，还要感谢在我论文写作过程中对我进行指导与帮助的马树才教授、赵德起教授、张虹教授、和军教授和张华新教授，他们给出的宝贵指导意见，使我的论文更加丰富和完整，每一位老师对学术研究的专注和热爱都值得我们去学习。

　　最后，感谢我的四位父母、我的爱人、我的女儿还有各位朋友，你们的默默陪伴与支持，让我在枯燥的学术生活中感受到无限的温暖和力量，我会带着这些关爱与期望迈入新的人生阶段，希望可以不负韶华，砥砺前行！

白　晰
二〇二二年六月